인생이 즐거워지고 비즈니스가 풍요로워지는
SNS소통연구소 교육 소개

현재 전국에 수백 명의 스마트폰 활용지도사 자격증을 취득한 뉴미디어 마케팅 전문 강사들이 강사로 활동 중에 있습니다.

- **스마트폰 활용지도사 2급 및 1급 자격증**
  스마트폰 기본 활용부터 스마트폰 UCC, 스마트폰 카메라, 스마트워크, 스마트폰 마케팅 교육 등 스마트폰 전문강사를 양성하고 있습니다.

- **유튜브 크리에이터 전문지도사 2급 및 1급 자격증**
  유튜브 기본 활용부터 실전 유튜브 마케팅까지 실질적으로 도움이 되고 돈이 되는 교육을 실시하고 있습니다.

- **SNS마케팅 전문지도사 2급 및 1급 자격증**
  다양한 SNS채널을 활용해서 고객을 유혹하고 매출을 증대시킬 수 있는 실전 노하우와 SNS마케팅 효과를 극대화하기 위한 광고 전략을 구축할 수 있는 노하우에 대해서 교육을 진행 하고 있습니다.

- **프리젠테이션 전문지도사 2급 및 1급 자격증**
  기업체에서 발표자료를 만들거나 제안서를 만들 때 꼭 알고 활용해야 할 프리젠테이션 제작 노하우를 중점적으로 교육하고 있습니다.

- **스마트워크 전문지도사 2급 및 1급 자격증**
  스마트폰 및 SNS를 활용해서 실전에 꼭 필요한 기능과 업무효율을 높일 수 있는 노하우에 대해서 교육을 진행하고 있습니다.

- **디지털문해교육 전문지도사 2급 및 1급 자격증**
  초등학교부터 대기업 임원을 포함한 퇴직 예정자들까지 디지털 기술 활용에 대한 교육을 진행할 수 있도록 디지털문해교육 전문지도사가 교육하고 있습니다.

- **디지털범죄예방 전문지도사 2급 및 1급 자격증**
  4차 산업혁명시대! 디지털리터러시 시대에 청소년부터 성인들에게 이르기까지 각종 디지털범죄로 인해 입을 피해를 방지하고자 교육합니다.

- **AI 챗GPT 전문지도사 2급 및 1급 자격증**
  디지털 대전환시대에 누구나 배우고 익혀야 할 AI챗GPT 각 분야별 전문 강사를 양성하고 있습니다.

SNS소통연구소는

2010년 4월부터 **뉴미디어 마케팅 교육(스마트폰, SNS 마케팅, 유튜브 크리에이터, 프리젠테이션, 컴퓨터 활용 등)**을 진행하고 있으며 4,000여명의 스마트폰 활용지도사를 양성해오고 있습니다. 현재 전국 72개의 지부 및 지국을 운영하고 있습니다.

📞 교육 문의 02-747-3265 / 010-9967-6654
✉ 이 메 일 snsforyou@gmail.com

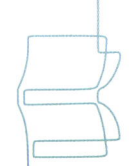

책을 내면서 …

여러분의 손안에 있는 무한한 가능성,
스마트폰!

**대한민국 국민 수보다 많은 5,450만 대의 이동전화.
우리 모두의 일상이 된 스마트폰, 제대로 활용하고 계신가요?**

15년간 디지털 콘텐츠 교육 현장에서 쌓은 노하우를 담아, SNS소통연구소와 (주)디지털콘텐츠그룹이 특별히 시니어와 실버 세대를 위해 제작한 '스마트폰 기본 활용' 책을 소개합니다.

우리 책의 특별함
1. 시니어에게 딱 맞는 디자인 : A4 크기, 본문 12포인트 크기의 편안한 가독성
2. 영상으로 보는 생생한 학습 : 각 챕터마다 QR코드로 연결되는 상세 교육 영상
3. 현장에서 인정받는 품질 : 전국의 스마트폰 교육 강사님들이 추천하는 교재

"스마트폰 하나로 열리는 새로운 세상"
단순한 통화 기기를 넘어, 정보의 바다를 항해하고, 소중한 사람들과 소통하며, 일상을 더욱 풍요롭게 만드는 마법 같은 도구, 스마트폰!

전국에서 스마트폰 활용교육을 하고 계시는 강사님들도 스마트폰 교육 시 이 책을 사용하시면 강사님과 수강생분들에게 많은 도움이 되실 거라 자부합니다.

SNS소통연구소가 항상 강조하고 있는 "스마트폰 제대로 배우고 익히면 인생이 즐거워지고 비즈니스가 풍요로워집니다!"를 대한민국 국민 모두가 공감하고 제대로 스마트폰 활용을 하셨으면 하는 바람이 간절합니다.

SNS소통연구소 주요 사업 콘텐츠

뉴미디어 마케팅 교육 문의
- 스마트폰 활용
- SNS마케팅
- 유튜브크리에이터
- 프리젠테이션
- 컴퓨터 활용
- 디지털범죄예방
- AI 챗GPT 활용 등

● **SNS소통연구소**(직통전화)
010-9967-6654

● **디지털콘텐츠그룹**(직통전화)
02-747-3265

SNS소통연구소 지부 및 지국 활성화

- 2010년 4월부터 교육을 시작한 SNS소통연구소는
  현재 전국에 72개의 지부 및 지국을 운영 중

스마트폰 활용지도사
(국내 최초! 국내 최고!)

- 2014년 10월 스마트폰 활용지도사 민간 자격증 취득
- 2급과 1급 과정을 운영 중이며 현재 4,000여 명 이상 지도사 양성

실전에 필요한 전문 교육
(다양한 분야 실전 교육 중심)

- 일반 강사들에게도 꼭 필요한 전문 교육을 실시함
  (SNS마케팅, 스마트워크, 프리젠테이션, 컴퓨터 활용 등)

SNS소통연구소 출판사

- 2011년 11월부터 SNS소통연구소 출판사 운영
- 스마트폰 활용 및 SNS마케팅 관련된 책 51권 출판
- 강사들에게 필요한 다양한 분야의 책을 출간 진행 중

국내 최초! 국내 최고!
스마트폰 강사 자격증

● **스마트폰 활용지도사 자격증에 대해서 아시나요?**
과학기술정보통신부가 검증하고 한국직업능력개발원이 관리하는 스마트폰 자격증 취득에 관심 있으신 분들은 살펴보세요.

상담 문의
이종구 010-9967-6654
E-mail : snsforyou@gmail.com
카톡 ID : snsforyou

스마트폰 활용지도사 1급
● **해당 등급의 직무내용**
초/중/고/대학생 및 성인 남녀노소 누구에게나 스마트폰 활용교육 및 SNS 기본 교육을 실시할 수 있습니다. 개인 및 소기업이 브랜딩 전략을 구축하는 데 있어 저렴한 비용을 들여 브랜딩 및 모바일 마케팅 전략을 구축할 수 있도록 필요한 교육을 할 수 있습니다.

스마트폰 활용지도사 2급
● **해당 등급의 직무내용**
시니어 실버분들에게 스마트폰 활용교육을 실시할 수 있습니다. 개인 및 소기업이 모바일 마케팅 전략을 구축하는데 있어 기본적인 교육을 할 수 있습니다. 1인 기업 및 소기업이 스마트워크 시스템을 구축하는 데 제반 사항을 교육할 수 있습니다.

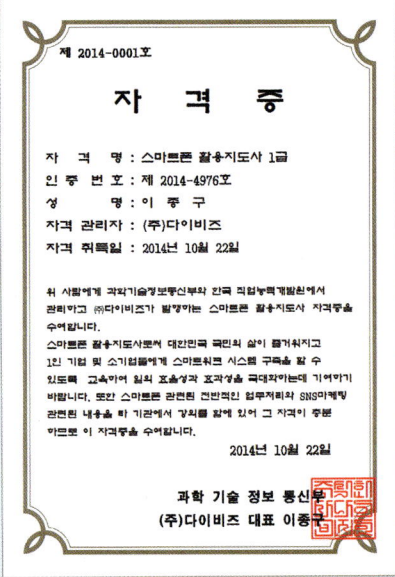

- **시험 일시** : 매월 둘째 주, 넷째 주 일요일 5시부터 6시까지 1시간
- **시험 과목** : 2급 – 스마트폰 활용 분야 / 1급 – 스마트폰 SNS마케팅
- **합격점수**
  1급 – 80점 이상(총 50문제 각 2점씩, 100점 만점에 80점 이상)
  2급 – 80점 이상(총 50문제 각 2점씩, 100점 만점에 80점 이상)

시험대비 공부방법
1. 스마트폰 활용지도사 2급 교재 구입 후 공부하기
2. 정규수업 참여해서 공부하기
3. 유튜브에서 [스마트폰 활용지도사] 채널 검색 후 관련 영상 시청하기

시험대비 교육일정
1. 매월 정규 교육을 SNS소통연구소 전국 지부에서 실시하고 있습니다.
2. 스마트폰 활용지도사 SNS소통연구소 블로그 (blog.naver.com/urisesang71) 참고하기
3. 디지털콘텐츠 그룹 사이트 참조(digitalcontentgroup.com)
4. NAVER 검색창에 (SNS소통연구소)라고 검색하세요!

| **시험 응시료** : 3만원
| **자격증 발급비** : 7만원

● 종이 자격증 및 우단 케이스 제공
● 스마트폰 활용지도사 강의자료 제공비 포함

스마트폰 활용지도사 자격증 취득 시 혜택
1. 디지털콘텐츠평생교육원 스마트폰 활용 교육 강사 위촉
2. SNS소통연구소 스마트폰 활용 교육 강사 위촉
3. 스마트 소통 봉사단에서 교육받을 수 있는 자격부여
4. SNS 및 스마트폰 관련 자료 공유
5. 매월 1회 세미나 참여 (정보공유가 목적)
6. 향후 일정 수준이 도달하면 기업제 및 단체 출강 가능
7. 매년 상반기 하반기 전국 워크샵 참여 가능
8. 그 외 다양한 혜택 수여

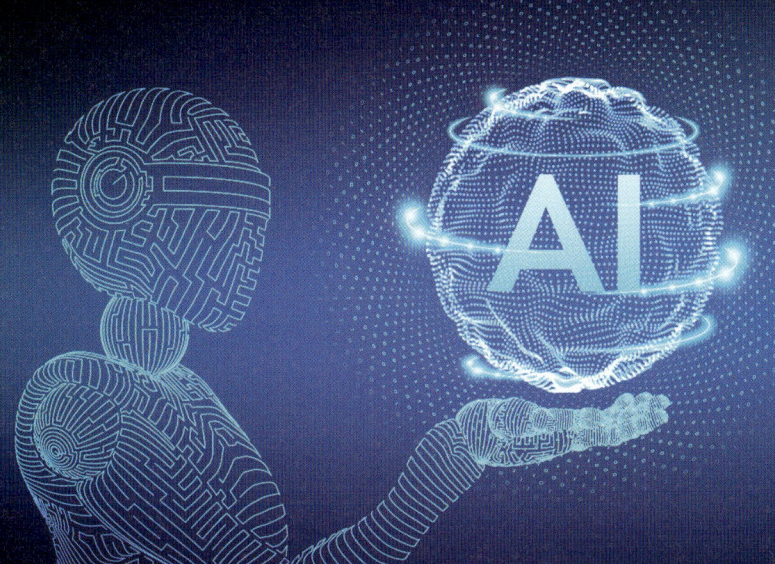

Ai 챗GPT 전문지도사

2급 / 1급

Ai 챗GPT 전문지도사 시험
매월 첫째, 셋째 일요일
오후 5시~6시까지

Ai 챗GPT 전문지도사가
일의 효율성과 효과성을 극대화 시키는데
도움을 드릴 수 있습니다!

Ai 챗GPT 전문지도사 2급 및 1급

- ☑ **자격의 종류 :** 등록 민간자격
- ☑ **등록번호 :** 560-86-03177
- ☑ **자격 발급 기관 :** (주)디지털콘텐츠그룹
- ☑ **총 비용 :** 100,000원
- ☑ **환불 규정**
  - 접수 마감 전까지 100% 환불 가능(시험일자 기준 7일전)
  - 검정 당일 취소 시 30% 공제 후 환불 가능

시험 문의
(주)디지털콘텐츠그룹 (Tel. 02-747-3265)

SNS소통연구소 자격증 교육 교재 리스트

부모님을 위한 스마트폰 교과서
(개정증보판)
60+세대를 위한 가이드북

어르신들을 위한 스마트폰 기초 교실
(개정증보판)
스마트폰 기초부터 기본 UCC 활용 책

디지털 대전환 시대에 꼭 필요한 디지털 문해 교육의 정석(定石)
디지털문해교육 전문지도사 1급 교재

스마트폰과 함께 떠나는 해외 여행 교과서
여행에 꼭 필요한 해외 여행 길라잡이

디지털 범죄예방 교육의 정석(定石)
디지털범죄예방 전문지도사 2급 교재

누구나 쉽게 따라하는 AI 챗GPT
스마트폰에서 활용하는 AI 서비스 활용
AI 챗GPT전문지도사 2급 교재

SNS소통연구소
(2024년도 8월 기준) 출판 리스트 51권

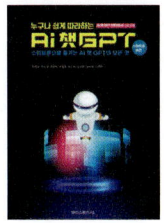 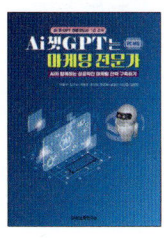  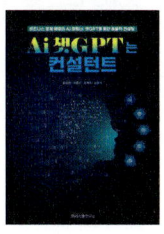   

SNS소통연구소
전국 지부 및 지국 현황

서울 (지부장-이종구)					
강남구 (지국장-최영하)	강서구 (지국장-문정임)	관악구 (지국장-손희주)	강북구 (지국장-명다경)	강동구 (지국장-윤진숙)	
동작구 (지국장-최상국)	도봉구 (지국장-오영희)	마포구 (지국장-김용금)	송파구 (지국장-문윤영)	서초구 (지국장-조유진)	
성북구 (지국장-조선아)	양천구 (지국장-송지열)	영등포구 (지국장-김은정)	용산구 (지국장-김수영)	은평구 (지국장-노승유)	
중구 (지국장-유화순)	종로구 (지국장-김숙명)	금천구 (지국장-김명선)	광진구 (지국장-최혁희)	동대문구 (지국장-조재일)	

경기북부 (지부장-이종구)
의정부 (지국장-한경희) | 양주 (지국장-유은서) | 동두천/포천 (지국장-김상기) | 구리 (지국장-김용희) | 남양주시 (지국장-정덕모) | 고양시 (지국장-백종우)

경기동부 (지부장-이종구)
용인시 (지국장-김지태)

경기서부 (지부장-이종구)
시흥시 (지국장-윤정인) | 부천시 (지국장-김남심) | 광명시 (지국장-이명옥)

경기남부 (지부장-이중현)
수원 (지국장-권미용) | 이천/여주 (지국장-김찬곤) | 평택시 (지국장-임계선) | 안성시 (지국장-허진건) | 화성시 (지국장-한금화)

인천광역시 (지부장-이종구)
서구 (지국장-어현경) | 부평구 (지국장-최신만) | 중구 (지국장-조미영) | 계양구 (지국장-전혜정) | 연수구 (지국장-조예윤)

강원도 (지부장-장해영)
강릉시 (지국장-임선강)

충청남도 (지부장-김미선)
청양/아산 (지국장-김경태) | 금산/논산 (지국장-부성아) | 천안시 (지국장-김숙) | 홍성/예산 (지국장-김월선)

대구광역시 (지부장-임진영)

대전광역시 (지부장-이종구)
중구/유성구 (지국장-조대연)

경상북도 (지부장-남호정)
고령군 (지국장-김세희) | 경주 (지국장-박은숙)

전라북도 (지부장-송병연)

광주광역시 (지부장-이종구)
북구 (지국장-김인숙)

울산광역시 (지부장-김상덕)
동구 (지국장-김상수) | 남구 (지국장-박인완) | 중구 (지국장-장동희) | 북구 (지국장-이성일)

부산광역시 (지부장-손미연)
사상구 (지국장-박소순) | 해운대구 (지국장-배재기) | 기장군 (지국장-배재기) | 연제구 (지국장-조환철) | 부산진구 (지국장-김채완) | 북구 (지국장-황연주)

제주도 (지부장-여원식)

Contents

각 주제별 우측 상단에 **QR코드**가 있습니다.
QR코드를 스캔하시면 해당 주제의 강의를 시청할 수 있습니다.

나만 알고 싶은 스마트폰 기본 활용

- 앱 설치 시 나타나는 광고 및 액세스 허용범위 설정하기   11
- 홈화면 정리하기   20
- 화면 자동 꺼짐 시간 조절하기   22
- 앱 알림 끄기   23

스마트폰 인공지능 서비스 활용하기

- 카카오톡에서 음성으로 문자 보내기 ①   24
- 음성 아이콘   25
- 카카오톡에서 음성으로 문자 보내기 ②   26
- 문자에서 음성으로 메시지 보내기   28
- 구글 어시스턴트 제대로 활용하기   30

  1) 구글 어시스턴트 설치 및 어시스턴트 선택하기

  2) 구글 어시스턴트 호출하기

  3) 구글 어시스턴트 음성 모델 학습시키기

  4) 구글 어시스턴트 사용해보기

스마트폰 저장공간 관리하기

- 카카오톡 설정에서 저장공간 확보하기   34
- 위젯을 활용한 저장공간 확보하기   36
- 스마트폰 기기 최적화 하기   37
- 구글 플레이스토어 앱 관리에서 저장공간 확보하기   38

스마트폰 UCC

- 사진 잘찍는 법   40
  - 1) 올바른 파지법
  - 2) 스마트폰 카메라로 사진 찍을 때 제일 먼저 할 일
  - 3) 화면 조절하기
  - 4) 카메라 설정
  - 5) 초점 맞추기 및 터치해서 밝기 조정하기
  - 6) 동영상 촬영하면서 동시에 사진찍기

- 광고없이 유튜브 시청하기   44
- 음악 다운로드하기 - 삼성 뮤직   46
- 포토퍼니아   50
- 카드뉴스 쉽고 빠르고 멋지게 만들기
  - 감성공장   54
  - 수채화앱 [Qnipaint(큐니페인트)]   57

스마트폰 유용한 앱 활용하기

- Google 계정 2단계 인증   58
- 팩트체크   62
- 시티즌 코난   63

키오스크 앱 활용하기 (에프엔제이 키오스크)   64

- 디지털 범죄예방 Tip   68

나만 알고 싶은 스마트폰 기본 활용

● 앱 설치 시 나타나는 광고 및 액세스 허용범위 설정하기

스마트폰 앱 설치 시 [광고] 때문에 짜증 나시죠? 그리고 자꾸 뭘 [허용] 하라고 하죠?

이제부터는 고민 없이 스마트폰 앱을 잘 활용하는 방법에 대해서 알려드리겠습니다.

여기에 소개되는 부분만 이해하셔도 개인, 공공기관, 대기업에서 만든 앱을 설치하고 활용하실 때 큰 어려움 없이 사용하실 수 있습니다.

첫 번째 소개되는 앱은 포토랩 으로 이미지 합성 앱입니다. 다양한 방법으로 자신의 사진을 멋지게 만들 수 있는 앱으로써 [AI 이미지 합성] 기능도 뛰어납니다. 하지만 광고가 많은 게 조금 단점인데 여기서 소개하는 부분을 이해하시면 다른 앱을 사용하실 때도 헷갈리지 않게 사용하실 수 있다는 점 기억해 주시면 좋겠습니다.

두 번째 소개되는 앱은 시티즌코난 앱으로 일선의 경찰관들의 요청으로 개발된 보이스피싱에 악용되는 악성 앱 순간 탐지기입니다. [시티즌 코난] 앱 설치 및 활용에 대한 영상강좌도 [P63]에서 보실 수 있습니다.

세 번째 소개되는 앱은 알약 입니다. 주요 기능은 바이러스 검사, 스미싱 메시지 탐지, WI-FI 보안, 저장 공간 관리기능이 있어 스마트폰을 더욱 스마트하게 사용할 수 있습니다.

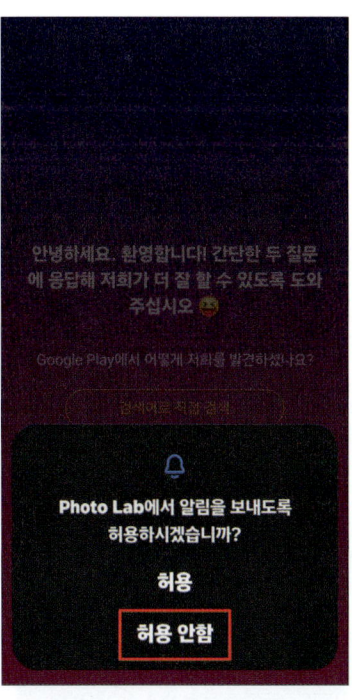

1 [구글 Play 스토어]에서 검색창에 ① [포토랩]이라고 검색한 후 [설치]를 합니다. [포토랩] 앱은 ② [리뷰 평점이 4.7]로 매우 높으며 전 세계 사람들이 ③ [1억회 이상 다운로드]한 [앱]으로 매우 인기가 많은 앱입니다. 설치가 완료되면 ④ [열기]를 터치합니다.

2 ① 대부분의 앱에서 [약관 동의]를 원하는 경우 체크하시고 ② [수락 및 계속하기] 터치합니다.

3 보통 앱에서 알림을 보낸다고 허용을 원하는 경우 원치 않으시면 [허용 안함]을 선택하시면 됩니다.

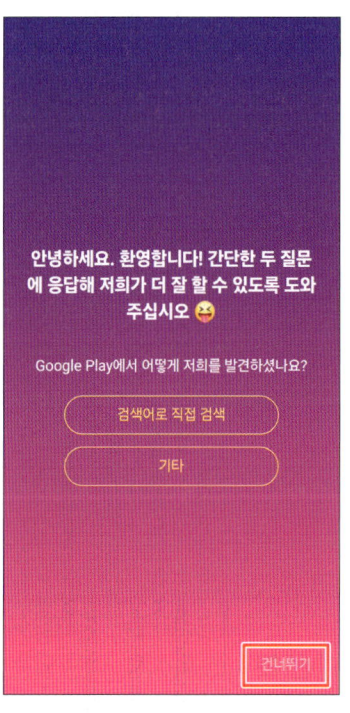 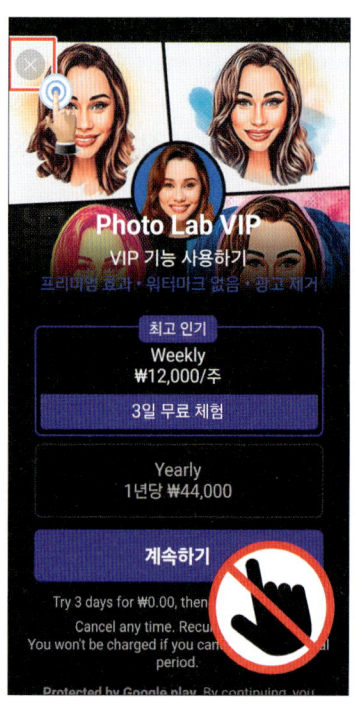 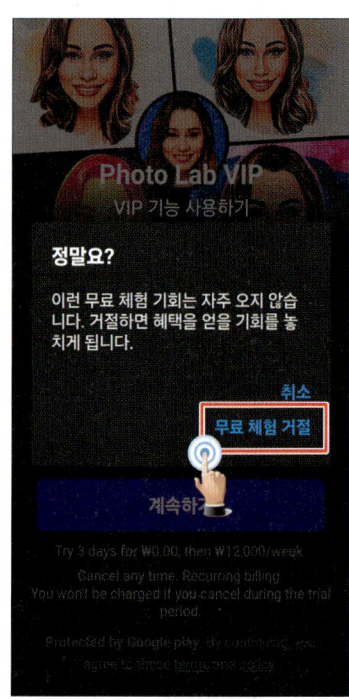

① 보통의 앱들이 자신들의 앱에 대한 평가를 하기 위해 설문조사를 하는 경우가 많은데 우측 하단에 [건너뛰기]를 터치하면 됩니다. ② 전 세계 모든 앱들 가운데, 처음부터 유료 회원가입을 해야 사용되는 앱은 없습니다. 처음부터 절대 유료로 하지 마시고 [우측 상단] 또는 [좌측 상단]에 [X]를 터치합니다.

③ 무료 체험하라고 하는 문구가 나오면 하지 마시고 [무료 체험 거절]을 터치합니다.

 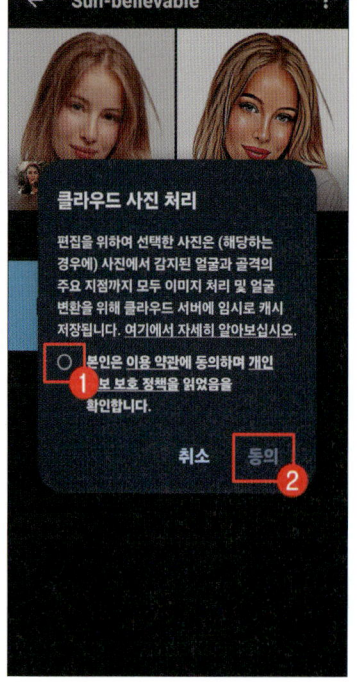 

① 이미지 합성을 하기 위해 자신의 사진을 선택을 해야 되는 경우 [액세스 하도록 허용하시겠습니까?]라고 질문하는 경우 [허용]을 터치하셔야 앱의 기능을 사용할 수 있습니다. ② 포토랩의 경우 다른 앱에 비해 조금은 개인정보 관련해서 엄격하게 다루고자 하는데 ① 약관에 동의한다고 체크해 주신 후 ② [동의] 버튼을 터치합니다.

③ 보통의 이미지 합성 앱들은 최근 사진이 보입니다. 자신이 원하는 사진을 갤러리에서 가져오고자 하는 경우 [그림 아이콘]을 터치합니다.

 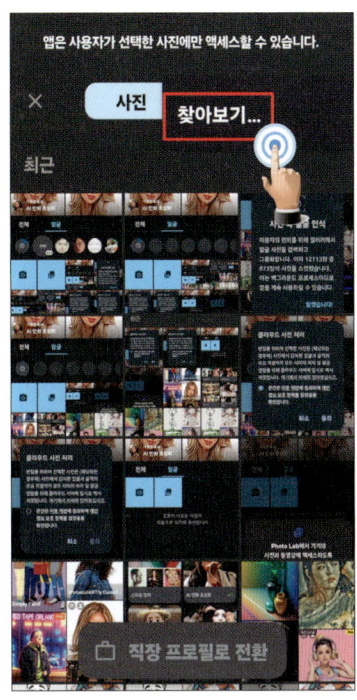 

① 보통은 자신의 갤러리가 보여야 하는데 요즘 이미지를 합성하는 앱이나 카드뉴스의 경우 바로 자신의 갤러리가 나오지 않는 경우가 있습니다. 자신의 갤러리에서 원하는 사진을 가져오고자 한다면 우측 상단에 [점 3개]를 터치합니다.

② [찾아보기....]를 터치합니다. ③ [갤러리]를 터치합니다.

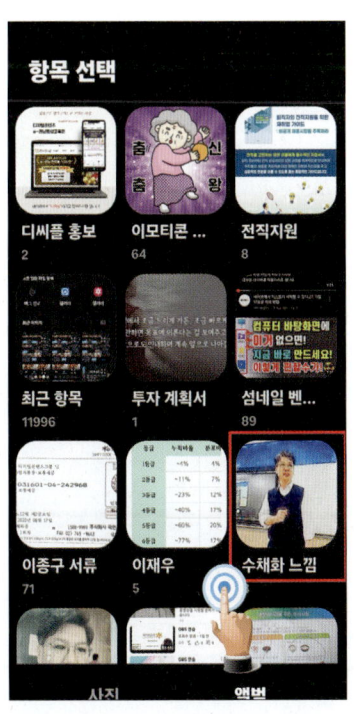  

① 그럼 자신의 갤러리가 보이고 가져오고자 하는 사진이 있는 [앨범]을 터치합니다.

② 원하는 사진을 선택합니다. ③ [로고를 누르면 없어집니다]를 터치하면 화면에 설명하는 문구들이 없어진다는 얘기입니다. 앱을 처음 사용하는 경우 이런 화면이 많이 보입니다.

 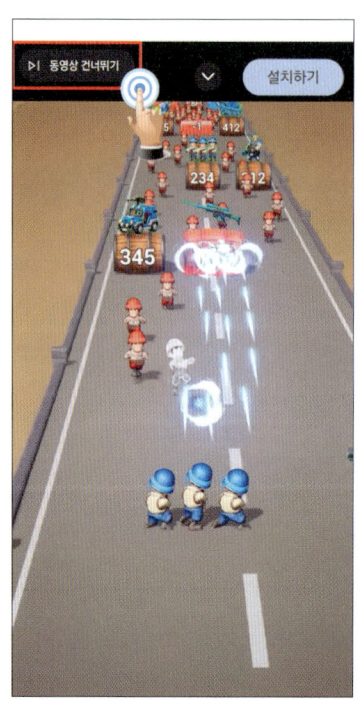 

1️⃣ 무료앱을 사용하는 경우 화면이 넘어갈 때 게임 화면이나 제품 소개 영상이 나오는 경우가 많습니다. 보통 5초에서 길게는 30초까지 소개 영상이 보이는데 왼쪽 상단에 영상 소개 시간이 표시됩니다. 2️⃣ 소개 영상 시간이 끝나면 [동영상 건너뛰기] 또는 [X] 표시가 보이는데 터치하면 사용하는 앱 화면으로 이동합니다. 3️⃣ 광고 영상 소리를 안 나게 하고자 한다면 좌측 하단 [스피커] 를 터치합니다.

화면이 넘어갈 때 상관없는 광고가 보인다면 1️⃣ 2️⃣ [좌측 상단] 또는 3️⃣ [우측 상단]에 [X] 표시를 터치 하면 됩니다.

 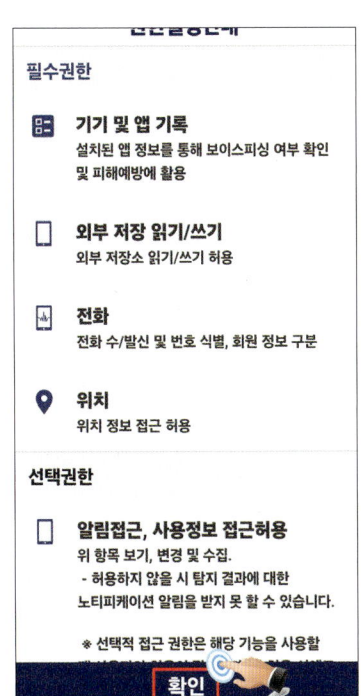 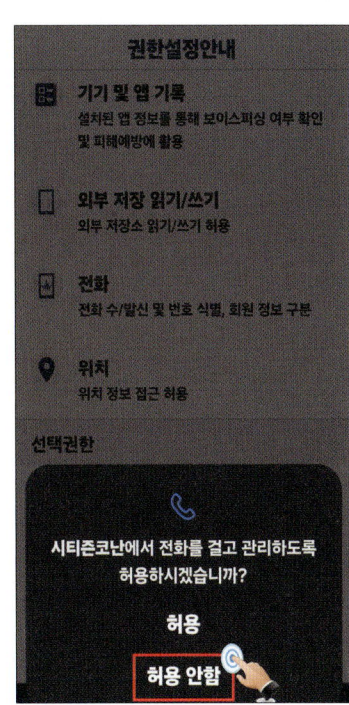

1️⃣ 구글 Play 스토어에서 ① [시티즌 코난] 앱을 설치하고 ② [열기]를 터치합니다.
2️⃣ 공공기관 앱의 경우 특히 [필수 권한]에 대한 설명 화면이 보입니다. [확인]을 터치합니다.
3️⃣ 대부분의 앱이 그렇지만 전화를 걸고 관리하도록 허용하라고 문구가 나오는데 [허용 안함]을 터치합니다. 보통은 [권한 허용] 화면이 보입니다.

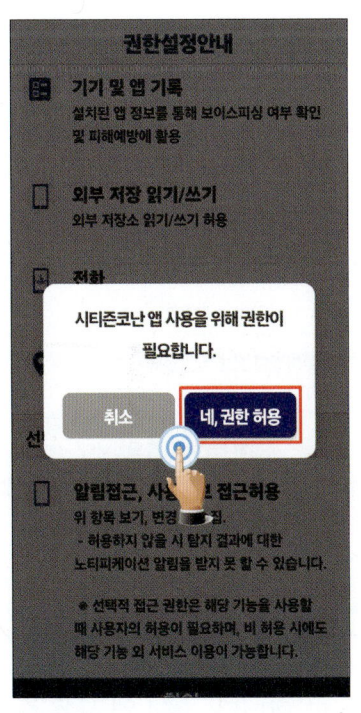 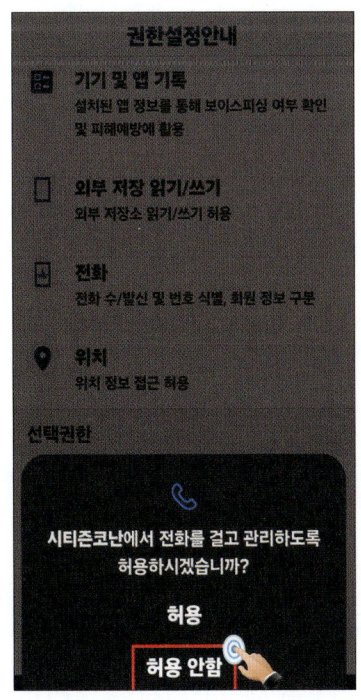 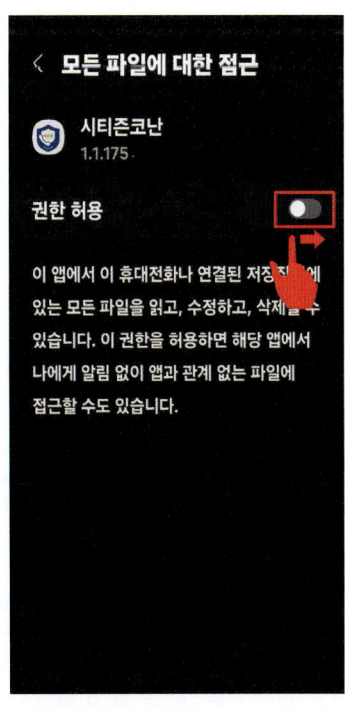

1️⃣ 시티즌 코난 앱을 사용하기 위해 [네, 권한 허용]을 터치합니다. 2️⃣ 전화 걸도록 허용하겠냐는 화면에서도 [허용 안함]으로 하시게 되면 3️⃣ [권한 허용]하라는 화면이 보입니다. 우측 동그라미를 켜기 위해 손가락으로 우측으로 드래그합니다. 그러면 권한 허용을 하는 것입니다.

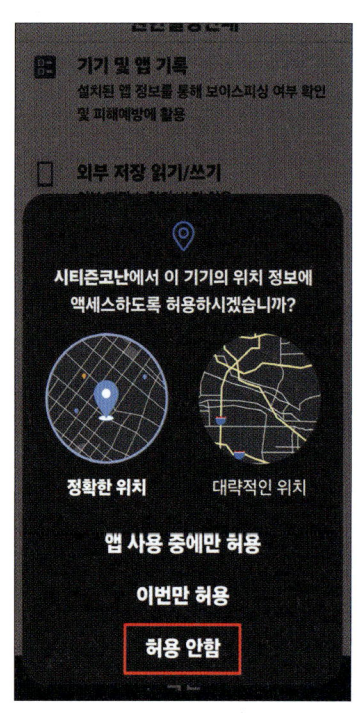 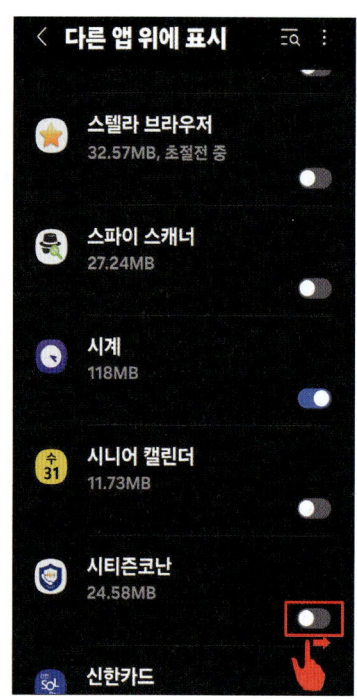 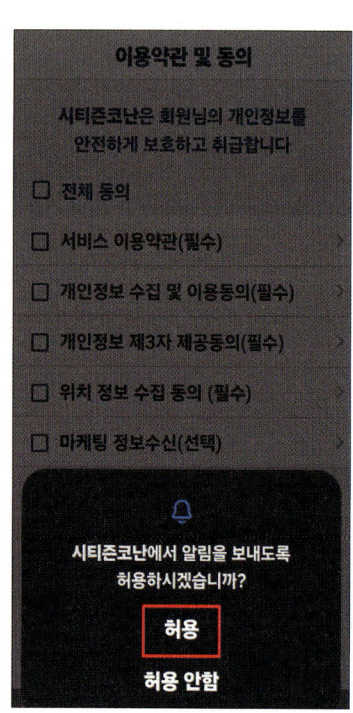

1 보안 및 범죄 관련된 앱들은 대부분 위치 허용을 하라고 하는데 [허용 안함]을 하시면 **2** [다른 앱 위에 표시] 화면이 보이고 해당 앱(여기서는 시티즌 코난)을 권한 허용해 주기 위해 꺼져 있는 원형 버튼을 오른쪽으로 드래그해서 켜줍니다. **3** 알림 받는 것을 [허용] 합니다.

 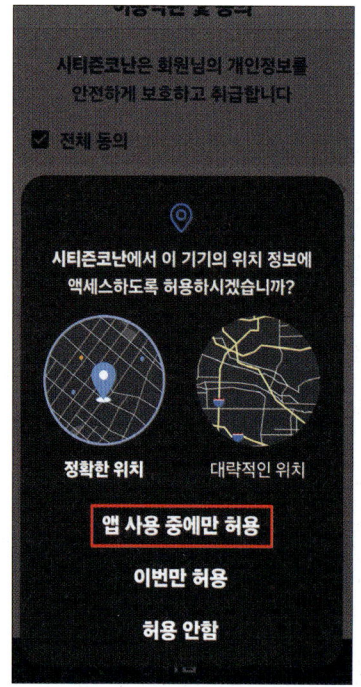 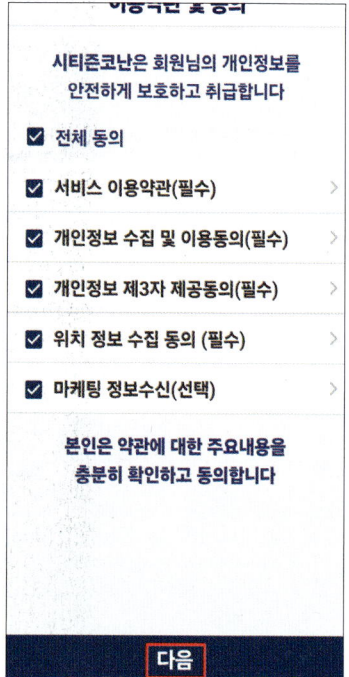

1 개인정보 보호를 위해 ① [전체 동의] 를 체크합니다. ② [다음] 버튼을 터치합니다. **2** [앱 사용 중에만 허용]을 터치합니다. **3** [전체 동의]가 다 체크되었으면 하단 [다음] 버튼을 터치합니다.

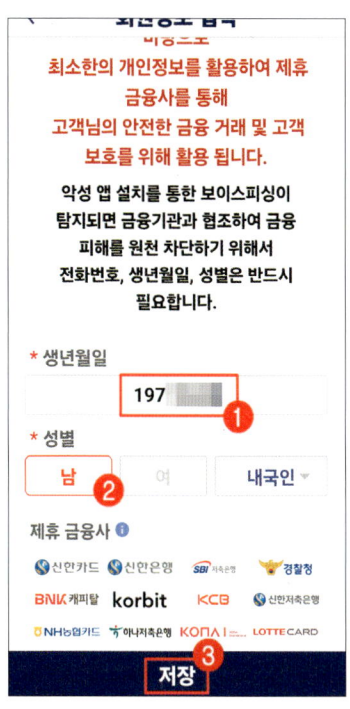 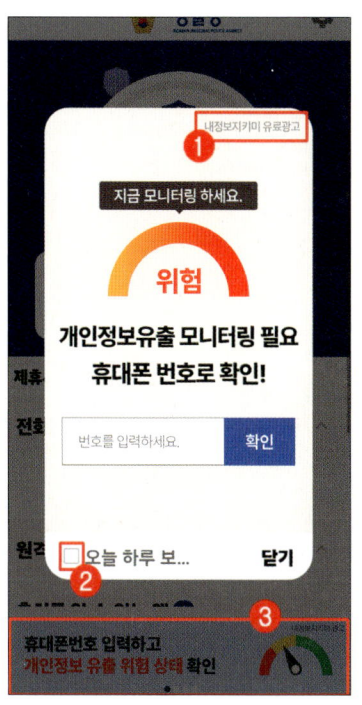 

1️⃣ 회원정보 입력 화면이 보입니다. ① 생년월일 8자리 입력합니다. ② 성별 체크합니다. ③ [저장] 버튼을 터치합니다. 2️⃣ 시티즌 코난이 공공기관과 일반 회사가 제휴해서 만든 앱이라 광고가 조금 있습니다. ① [유료 광고] 표시가 보입니다. ② 체크하시고 우측에 [닫기] 버튼 터치하시면 하루 동안은 한 번만 나타나고 더 이상 보이지 않습니다. ③ 모든 앱들이 하단에 광고가 많이 나오는데 절대 터치하지 않습니다. 3️⃣ ① 광고는 절대 터치하지 않습니다. ② [악성 앱 검사]를 터치하면 검사를 시작합니다.

 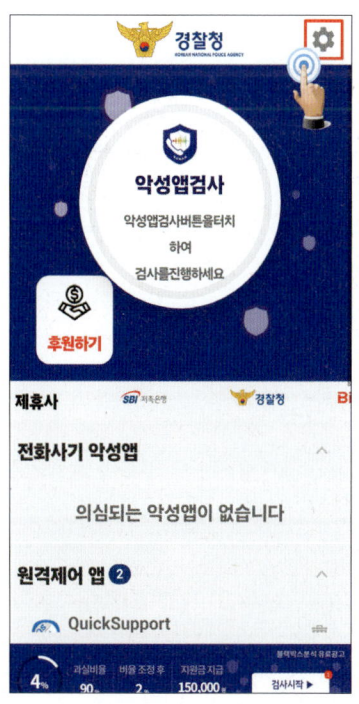 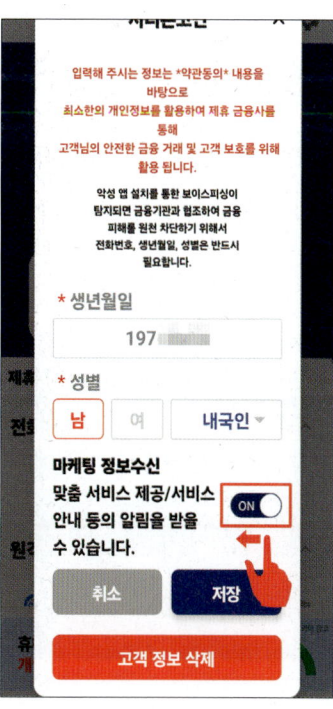

1️⃣ 검사가 완료되면 의심되는 악성앱이 보입니다. ① 원격제어 앱은 내 스마트폰이 보안에 취약해질 수 있으므로 설치하지 않습니다. ② [출처를 알 수 없는 앱]도 특별한 경우가 아니면 설치하지 않습니다. ③ 삭제하고자 할 때는 휴지통 아이콘을 터치합니다. 2️⃣ 메인화면 우측 상단에 [톱니바퀴] 아이콘을 터치해 봅니다. 3️⃣ 마케팅 수신 동의를 거부하기 위해 켜져 있는 동그라미 버튼을 좌측으로 드래그해서 꺼줍니다. 내 정보를 삭제하고자 한다면 하단 [고객 정보 삭제]를 터치합니다.

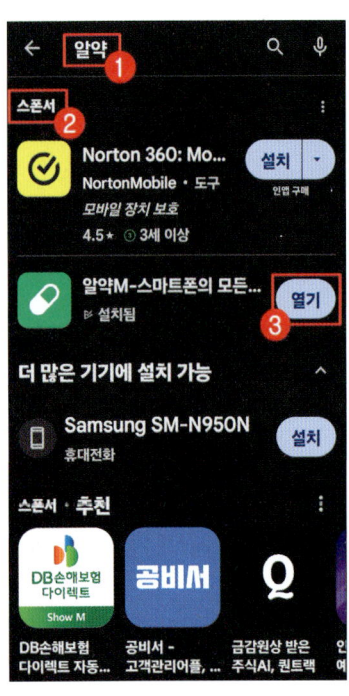 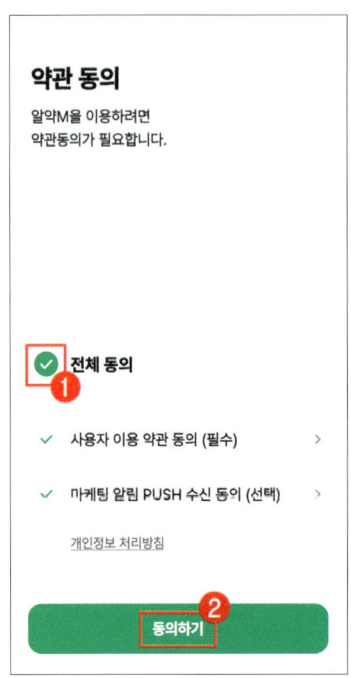 

1 구글 Play 스토어에서 ① [**알약**]을 설치합니다. ② [**스폰서**]라고 보이는 것은 해당 앱을 만든 회사에서 구글에 광고비를 주고 상단에 보이게 한 것입니다. ③ 설치가 완료되면 [**열기**]를 터치합니다. **2** ① [**전체 동의**] 체크합니다. ② [**동의하기**]를 터치합니다. **3** [**권한 허용하기**] 터치합니다.

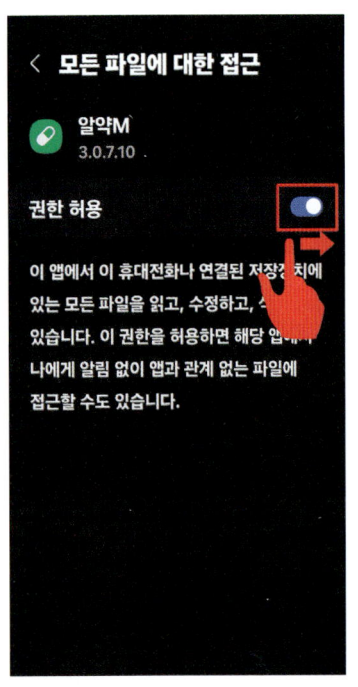 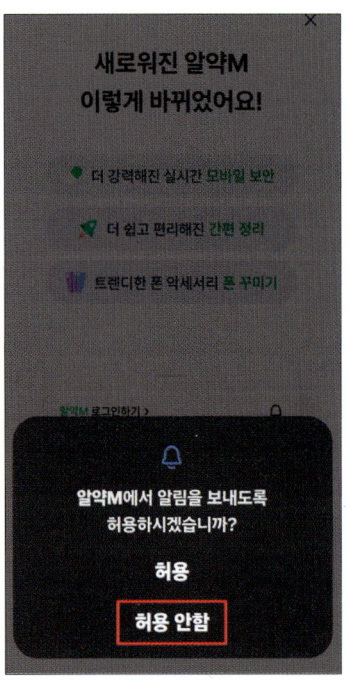 

1 권한허용을 했는데도 불구하고 [**모든 파일에 대한 접근**] 권한 허용 화면이 나올 수 있습니다. 우측으로 드래그해서 켜줍니다. **2** 시티즌 코난에서는 알림을 허용해야 했지만 알약에서는 [**허용 안함**]으로 해보겠습니다. **3** 바로 실행화면이 보입니다. ① 바로 [**검사 시작하기**]해서 자신의 스마트폰을 점검할 수 있습니다. ② 우측상단에 [**X**]를 터치하시면 [**알약**] 메인화면으로 이동합니다.

  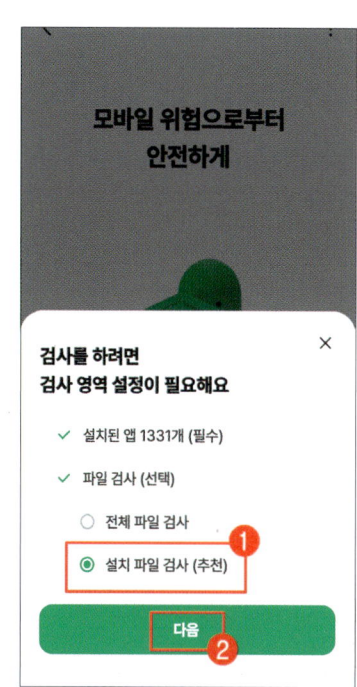

1️⃣ [검사하기] 버튼을 터치했는데 ① 광고 화면이 보일 수 있습니다. [X]를 터치합니다. ② 광고이므로 절대 터치하지 않습니다. 2️⃣ [검사하기]를 터치합니다.

3️⃣ ① [설치 파일 검사(추천)]를 확인하시고 ② [다음] 버튼을 터치합니다.

 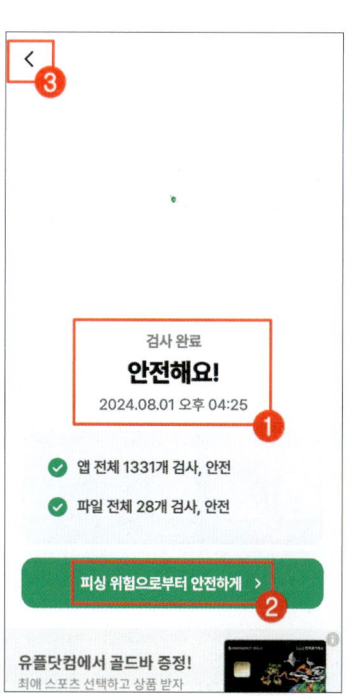 

1️⃣ 알약이 내 스마트폰을 검사하기 시작합니다. 2️⃣ 검사가 완료되면 ① 스마트폰에 유해한 앱이 없으면 [안전해요]라는 문구가 보입니다. ② [피싱] 위험 사전 방지를 하고 싶다면 터치합니다. ③ 왼쪽 상단에 [>]를 터치하시면 [알약] 메인 화면으로 이동합니다. 3️⃣ ① [간편정리 및 용량정리]는 터치해서 하시면 좋습니다. ② [보안]을 터치하시면 WI-FI 보안등 유용한 정보를 이용하실 수 있습니다.

홈화면 정리하기

● 앱 이동 및 폴더 만들기

  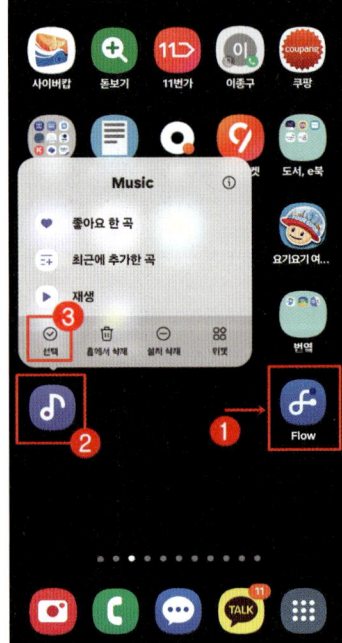

1️⃣ 이동하려고 하는 앱을 길게 터치합니다. 2️⃣ 한 화면에서 그대로 드래그하여 위치를 옮기거나 3️⃣ ① 화면 끝으로 드래그하면 다음 페이지로 이동합니다. 이제 또 다른 방법으로 ② 해당 앱을 길게 누르면 메뉴가 나타나는데 ③ [선택]을 터치합니다.

1️⃣ ① 이동하려고 하는 페이지를 좌, 우로 이동하여 ② 원하는 지점을 길게 누르면 해당 앱이 나타납니다.
2️⃣ 이번에는 같은 종류의 앱들을 모아놓는 폴더 만들기를 해보겠습니다. ① 먼저 원하는 한 개의 앱을 길게 누릅니다. ② 나타나는 메뉴에서 [선택]을 터치합니다.
3️⃣ ① 폴더에 넣으려고 하는 앱들을 터치합니다. ② 상단의 [폴더 추가]를 터치합니다.

1️⃣ [폴더 이름]을 터치합니다.   2️⃣ ① 폴더 이름을 입력합니다. ② [+]를 터치해서 폴더에 앱을 추가할 수 있으며 ③ 폴더 배경색을 바꾸기 위해 터치합니다.   3️⃣ 원하는 색상을 선택하고 화면 빈 곳을 터치합니다.

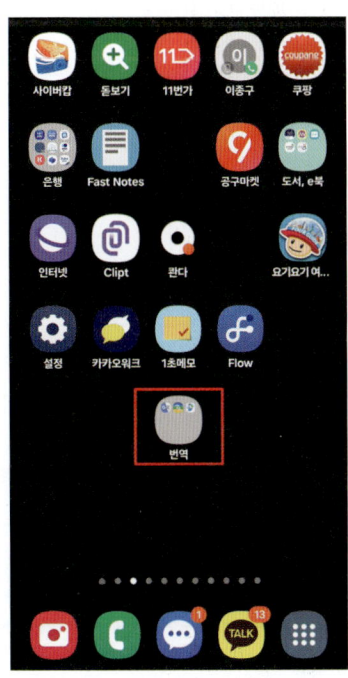 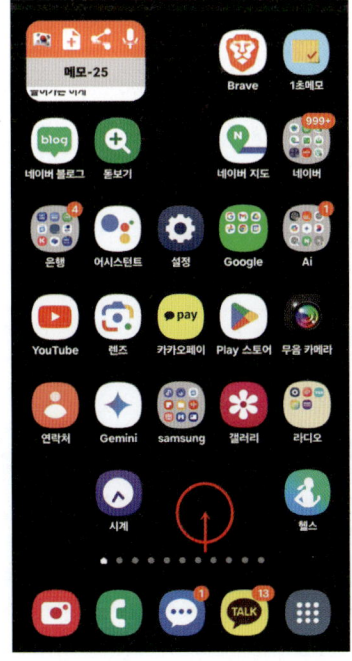 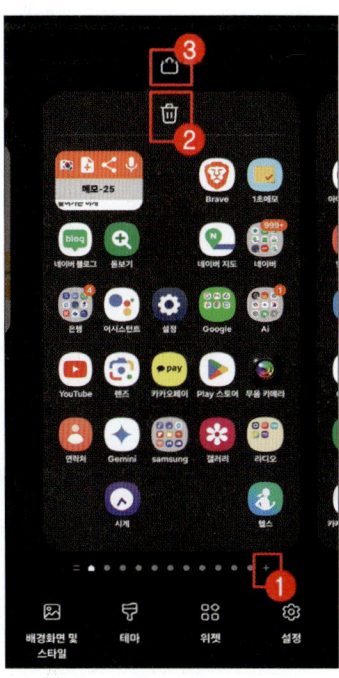

1️⃣ 폴더가 생성되었습니다. 이제 홈화면의 페이지 추가 및 삭제를 해보겠습니다. 화면의 빈 곳을 길게 누릅니다.
2️⃣ ① 점 끝의 [+]를 터치해서 나타나는 화면의 [+]를 터치하면 새 화면이 추가되고   3️⃣ ② 해당 화면을 삭제하려는 경우 상단의 [휴지통] 아이콘을 터치하면 삭제됩니다. ③ 화면들 중에서 홈버튼을 터치했을 때 첫 화면으로 보이게 하려는 경우 [오각형] 아이콘을 터치합니다.

화면 자동 꺼짐 시간 조절하기

스마트폰의 화면 자동 꺼짐 시간을 설정하면 배터리 절약, 보안 강화, 눈 건강 보호 등의 이점을 얻을 수 있습니다.

▶ 배터리 소모를 줄여주며, 불필요한 전력 낭비를 막을 수 있습니다.
▶ 타인이 스마트폰의 내용을 볼 수 있는 가능성을 줄여줍니다.
▶ 눈의 피로를 덜어주며, 건강을 보호할 수 있습니다.

사용자의 상황에 맞게 적절한 시간을 설정하여 사용하는 것이 좋습니다.

 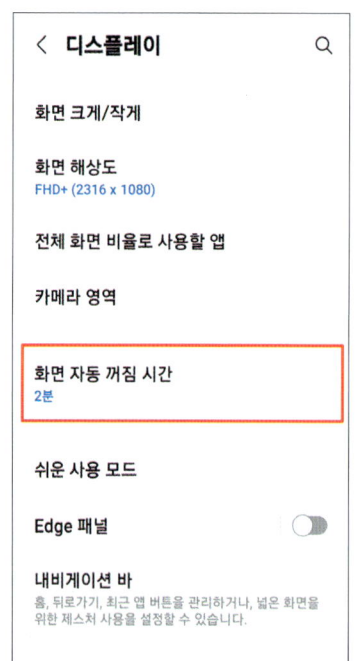 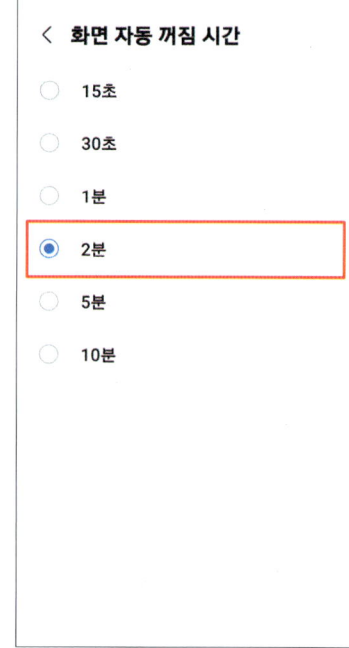

스마트폰 홈 화면에서 [설정]을 터치합니다.

1 설정 메뉴에서 [디스플레이]를 터치합니다.
2 디스플레이 화면에서 [화면 자동 꺼짐 시간]을 터치합니다.
3 화면 자동 꺼짐 시간 메뉴에서 나에게 맞는 시간을 설정합니다. 10분과 같이 긴 시간은 배터리 소모에 영향을 받을 수 있습니다.

앱 알림 끄기

스마트폰 앱 알림을 끄면 불필요한 알림으로 인한 배터리 소모를 줄일 수 있고, 중요한 일에 더욱 집중할 수 있습니다. 수시로 울리는 알림으로 인한 스트레스도 감소하며 앱 알림을 통해 개인 정보가 노출될 수 있는 위험도 방지할 수 있습니다.

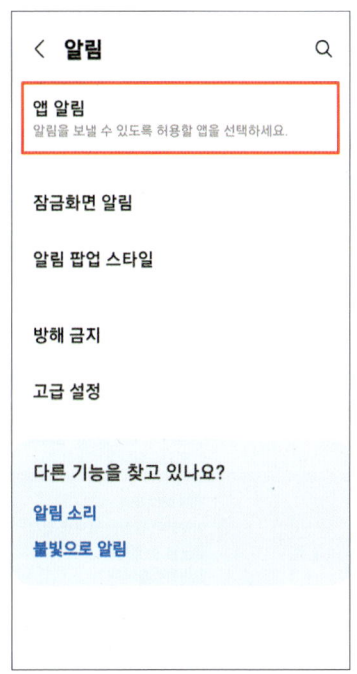
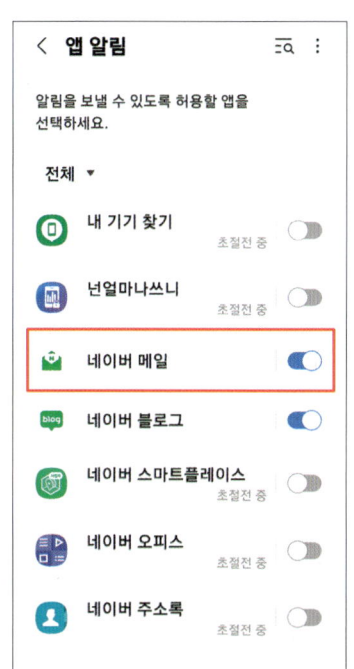

스마트폰 홈 화면에서 [설정]을 터치합니다.

1. 설정 메뉴에서 [앱 알림]을 터치합니다.
2. 디스플레이 화면에서 [앱 알림]을 터치합니다.
3. 앱 알림 화면에서 설치된 모든 앱을 확인하실 수 있습니다. 알림을 받고 싶지 않은 앱을 선택하여 끄거나 켤 수 있습니다.

스마트폰 인공지능 서비스 활용하기

● 카카오톡에서 음성으로 문자 보내기 ❶

 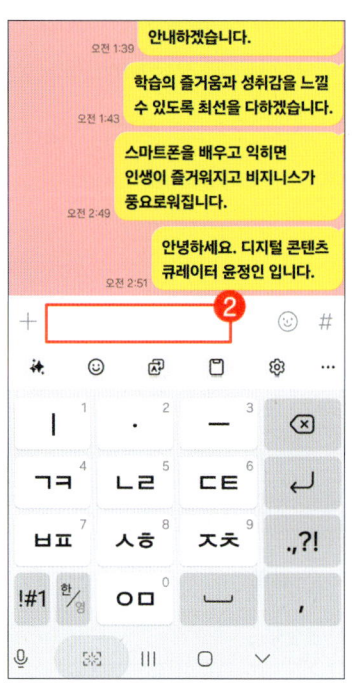 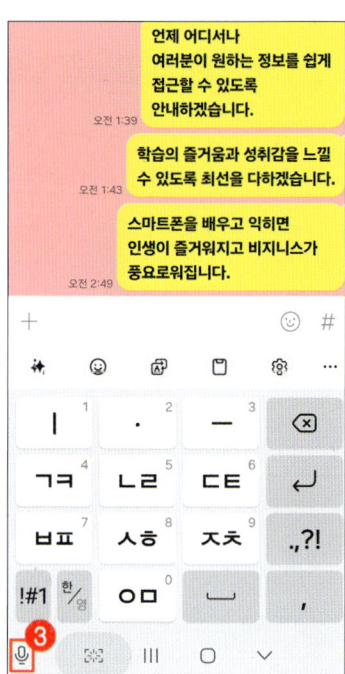

1️⃣ ① 카카오톡 하단 [채팅]을 누른 후 대화 상대를 선택합니다.
2️⃣ ② 채팅 대화방 아래쪽의 [입력란]을 터치합니다.
3️⃣ ③ 키보드 하단의 [마이크]를 터치합니다.

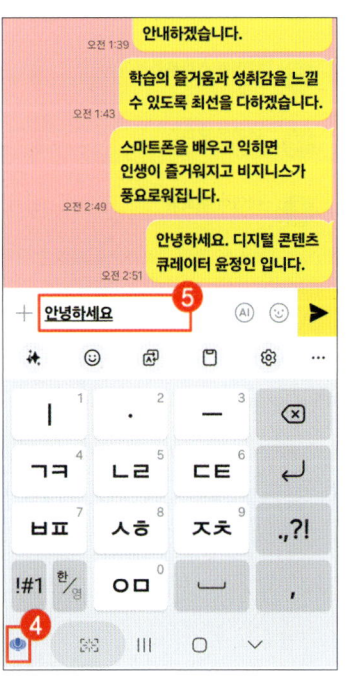 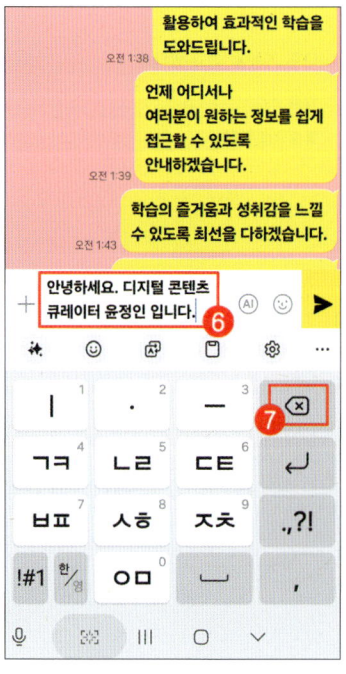 

1️⃣ ④ [마이크]가 파랗게 활성화될 때 보내고 싶은 메시지를 말합니다. ⑤ 음성이 정확하지 않으면 오타가 있을 수 있습니다. 2️⃣ ⑥ 오타가 있는 곳을 터치하고 ⑦ [내용]을 수정합니다.
3️⃣ ⑧ 메시지 내용을 확인 후 [보내기]를 터치합니다.

● 음성 아이콘

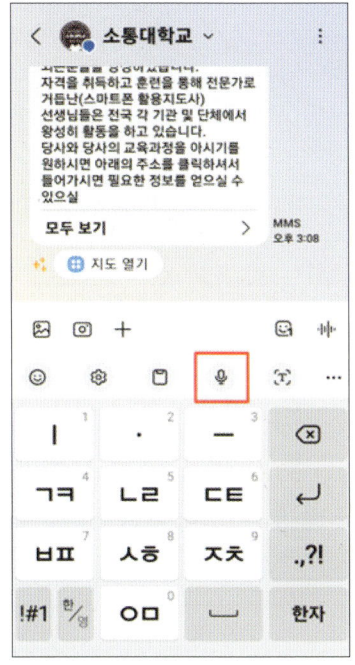  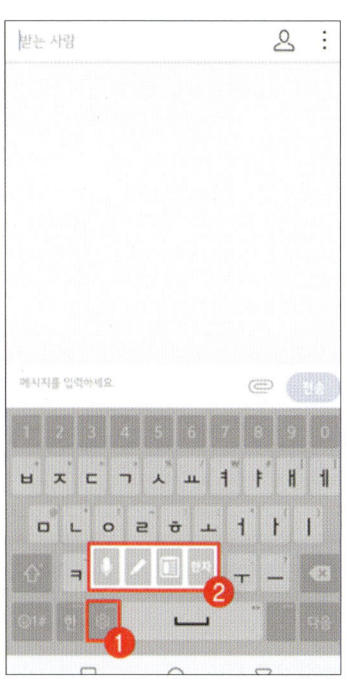

❶ 삼성 One UI 5.1버전은 자판 막대바위에 [음성 아이콘]이 보입니다. ❷ 삼성 One Ui 6.1버전은 자판 좌측하단에 보입니다. 만약에 마이크가 안보이고 [키보드 자판]처럼 보이는 아이콘이 보일 경우, 꾸욱 누르게 되면 [키보드 버튼 변경] 메뉴가 보여지는데 [음성 입력]을 선택해서 사용하시면 됩니다.
❸ LG 스마트폰의 경우 우측 하단에 [설정(톱니바퀴 아이콘)]을 꾸욱 누르면 마이크가 보여집니다.

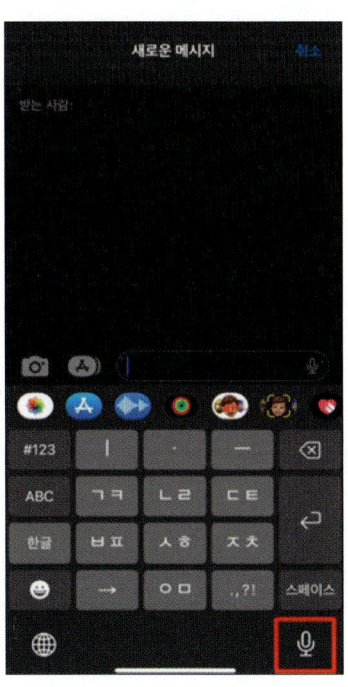 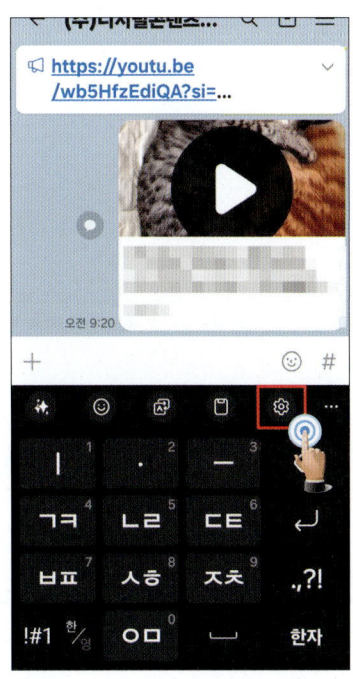 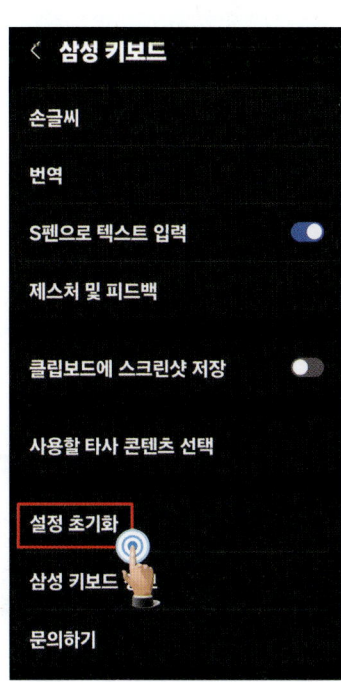

❶ 아이폰의 경우 좌측 하단에 마이크가 보여집니다. ❷ 삼성 스마트폰을 사용하는 분들중에 마이크가 간혹 안보이는 경우가 있는데 마이크를 보이게 하려면 자판 막대바 위에 [설정(톱니바퀴)]를 꾸욱 누릅니다.
❸ 삼성 키보드 설정화면 하단에 [설정 초기화]를 꾸욱 눌러서 [키보드 설정 초기화] 메뉴를 터치해서 초기화 하시면 마이크가 보이게 됩니다.

● 카카오톡에서 음성으로 문자 보내기 ❷

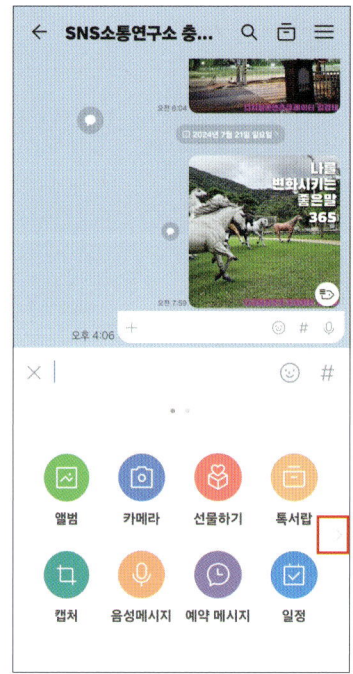
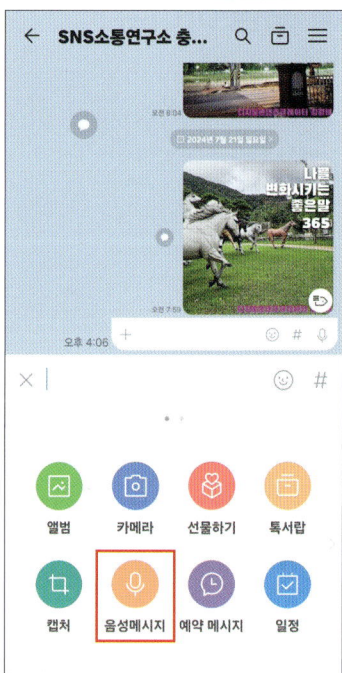

❶ 대화창에서 좌측 [+] 표시를 터치합니다. ❷ 여러 가지 아이콘이 나타나는 걸 볼 수 있는데 이 화면에서 [음성메시지]가 보이지 않으면 우측 꺾쇠 표시 [〉]를 터치합니다.

❸ [음성메시지] 아이콘을 터치합니다.

❶ [녹음버튼 : 동그라미]을 터치하면 음성메시지 창이 열립니다. ②[간편녹음 버튼 사용]을 터치해서 활성화 하면 ③ 채팅창 하단의 + 표시 우측에 간편녹음 버튼 아이콘이 생겨 음성메시지를 간편하게 보낼 수 있습니다.

❷ 음성녹음 후 [녹음종료 : 네모]를 터치 하고 ❸ [보내기] 버튼을 터치합니다.

1️⃣ [새로고침 : 동그란 화살표] 버튼을 터치하여 새 메시지를 녹음할 수 있습니다.

2️⃣ 음성메시지가 전송된 것을 확인 할 수 있습니다. 마이크 모양은 [간편녹음] 활성화 된 모양입니다.

● 문자에서 음성으로 메시지 보내기

 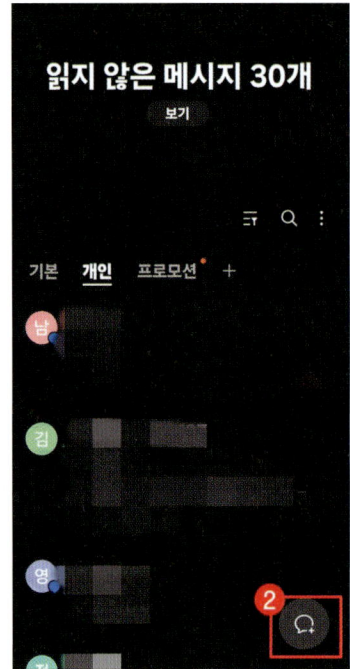 

1 문자 보낼 때 메시지를 키보드로 입력하지 않고 음성으로 보낼 수 있습니다. ① [홈화면에서 문자 보내기]를 터치합니다. **2** ② [오른쪽 아래의 말풍선]을 터치합니다.

3 ③ [1:1 대화, 그룹 채팅, 단체 문자] 라고 나왔습니다.

 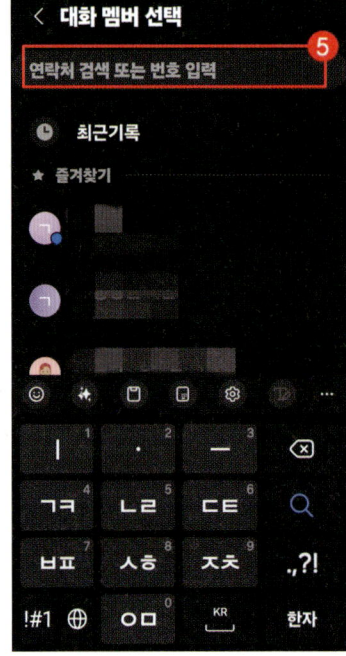 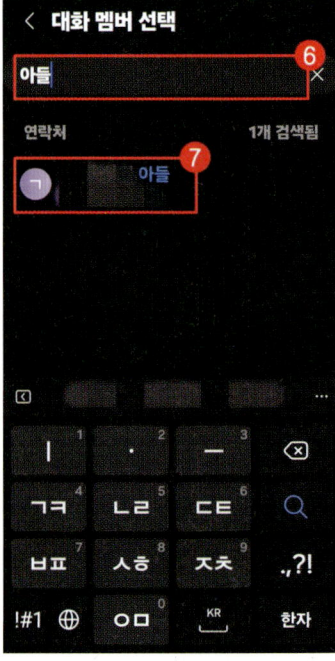

1 ④ [1:1대화]를 터치해 보겠습니다.

2 대화 멤버 선택 창이 뜬 후 ⑤ [연락처 검색 또는 번호 입력] 창이 뜨면 최근 기록한 멤버들과 즐겨찾기 멤버들이 나오는데, 이곳에서 대화 멤버를 선택할 수 있습니다.

3 ⑥ [대화할 상대의 이름]을 검색할 수 있습니다. ⑦ 연락처에 [찾고자 하는 이름]이 나오면 선택합니다.

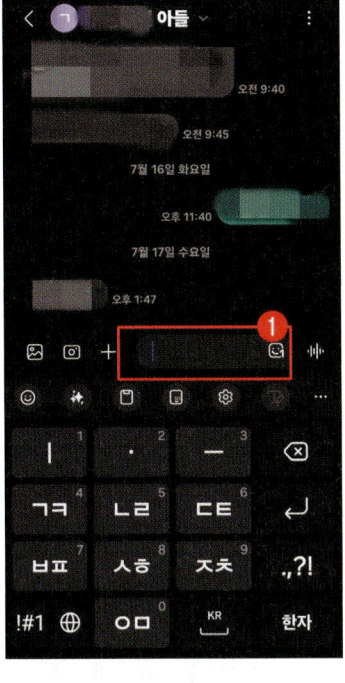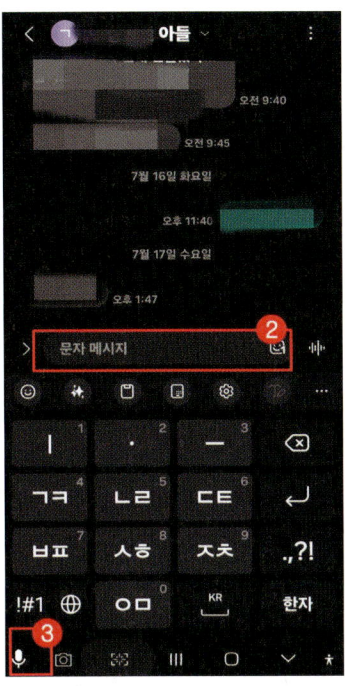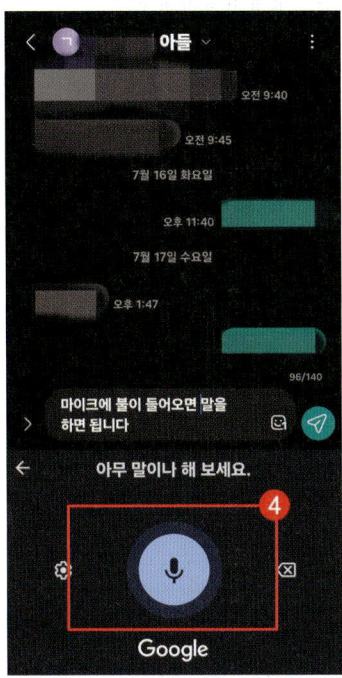

1️⃣ 찾는 이름의 창이 뜨고 이전에 나누었던 대화 내용이 뜹니다. ① [**커서가 깜박이는 입력창**]을 누릅니다.
2️⃣ 입력창에 ② [**문자메시지**]가 표시됩니다. 글자를 입력하지 않고 ③ [**마이크**]를 누르시면 됩니다.
3️⃣ ④ [**마이크**]에 불이 들어오면 말을 하면 됩니다.

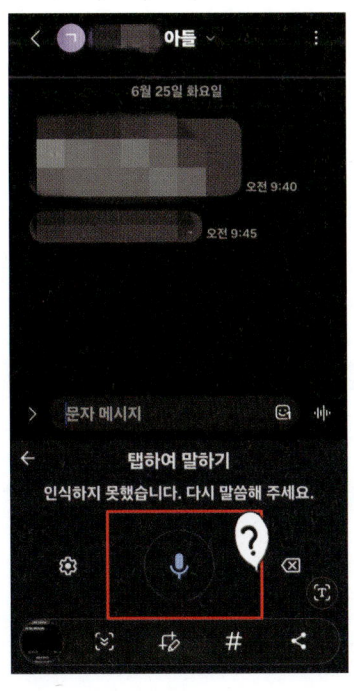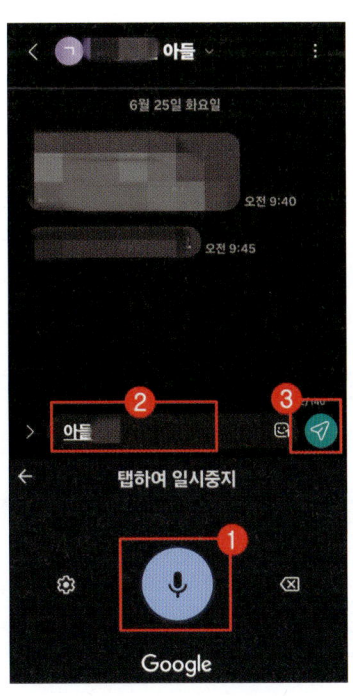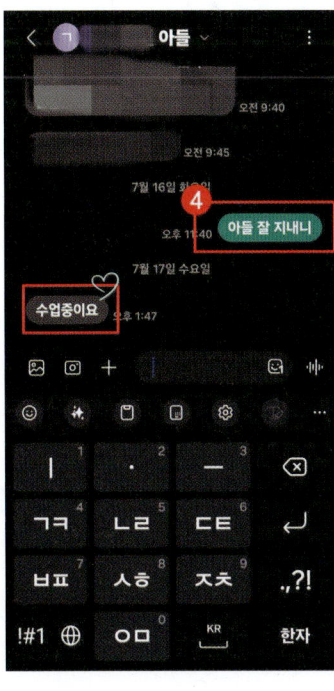

1️⃣ **?**는 [**마이크**]가 인식을 못 했습니다. 다시 눌러주세요. 2️⃣ ① [**마이크**]에 불이 들어오면 메시지 보낼 내용을 말로 하면 됩니다. ② [**말로 하는 내용**]이 들어갑니다. ③ [**비행기**] 모양을 터치합니다.
3️⃣ ④ [**말로 했던 메시지**]가 잘 전달되었습니다. 답장도 왔습니다.

● 구글 어시스턴트 제대로 활용하기

1) 구글 어시스턴트 설치 및 어시스턴트 선택하기

구글 어시스턴트는 음성 명령을 통해 다양한 작업을 수행할 수 있는 인공지능 기반 가상 비서입니다.
일정관리, 정보 검색, 메시지 보내기, 음악 재생, 스마트 홈 제어 등 다양한 기능을 제공하여 사용자의 편리한 일상을 돕습니다. 최근의 AI 발전에 맞춰 Google에서는 Gemini를 어시스턴트로 하려는 시도를 하고 있습니다.

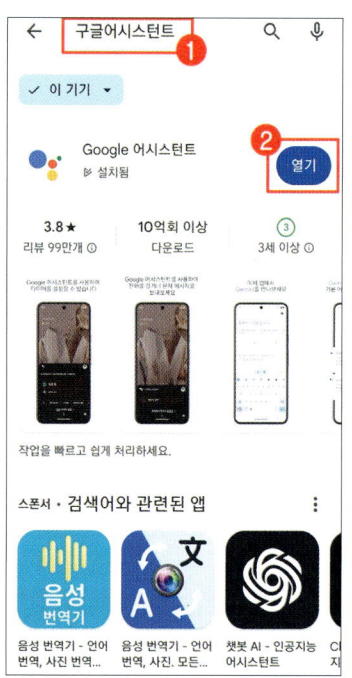 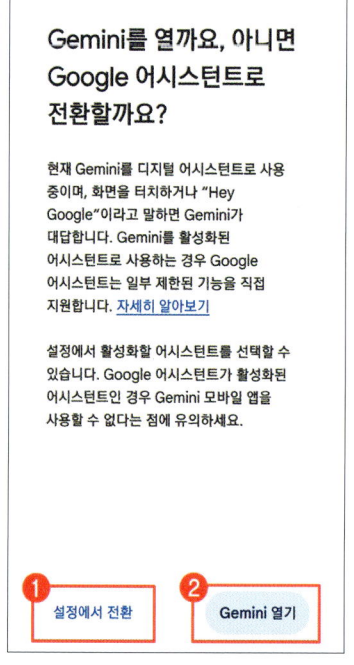 

1️⃣ [구글 Play스토어]에서 [구글 어시스턴트]를 설치하고 [열기]을 터치합니다.
2️⃣ 구글의 Gemini와 어시스턴트 중 선택 합니다. ① [설정에서 전환]을 터치하면 [Google의 디지털 어시스턴트 선택] 설정화면에서 Gemini와 Google 어시스턴트 중 선택합니다. ② [Gemini 열기]를 터치하면, 어시스턴트를 호출할 때 Gemini가 대답합니다. 3️⃣ 어시스턴트를 사용하던 중 다른 것으로 전환하고자 할 땐, [설정] – [Google] - [모든 서비스] - [Google 앱 설정] – [검색, 어시스턴트 및 Voice] – [Gemini] – [Google이 제공하는 디지털 어시스턴트] 에서 전환할 수 있습니다.

2) 구글 어시스턴트 호출하기

구글 어시스턴트를 호출하는 방법은 3가지가 있습니다.
① 구글 어시스턴트 앱을 터치하여 실행하기
② 말로 "Hey Google"을 불러 실행하기 : Hey Google 및 Voice Match 활성화 후 사용 가능
③ 하단 모서리 중 한 곳을 안쪽으로 밀기 : [설정] - [내비게이션 바]에서 설정 활성화

기존에 사용되던 홈버튼 길게 누르기는 최신 갤럭시 폰의 경우 AI 기능(서클로 검색)과 겹쳐 사용할 수 없습니다.

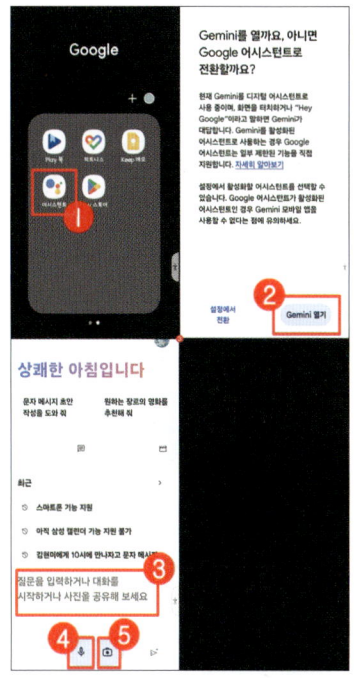

1 어시스턴트가 Google 어시스턴트로 지정되었을 때 : ① [**어시스턴트**] 앱을 터치합니다. ② Google 어시스턴트가 실행됩니다. **2** 어시스턴트가 Gemini로 전환되었을 때 : ① [**어시스턴트**] 앱을 터치합니다. ② [**Gemini 열기**]를 버튼을 터치합니다. ③ [**전환**] 버튼을 터치합니다 ④ [**Gemini 사용하기**]를 터치합니다. **3** 어시스턴트가 Gemini로 지정되어 있을 때 : ① [**어시스턴트**] 앱을 터치합니다. ② [**Gemini 열기**]를 버튼을 터치합니다. ③ 키보드나 ④ 마이크를 이용하여 질문 입력하고 ⑤ 이미지 첨부나 사진 촬영을 하여 Gemini와 대화합니다.

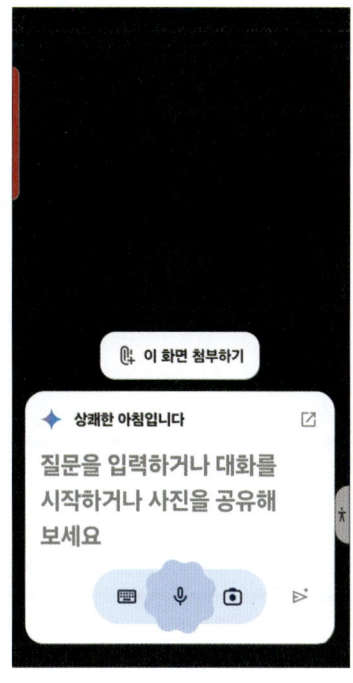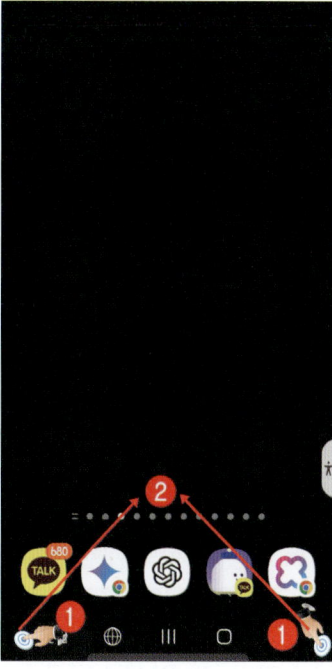

1 "Hey Google"로 Google 어시스턴트를 호출하였습니다.

2 "Hey Google"로 Gemini를 호출하였습니다.

3 하단 한쪽 구석에서 대각선 방향으로 드래그하면 어시스턴트를 실행시킬 수 있습니다.

3) 구글 어시스턴트 음성 모델 학습시키기

  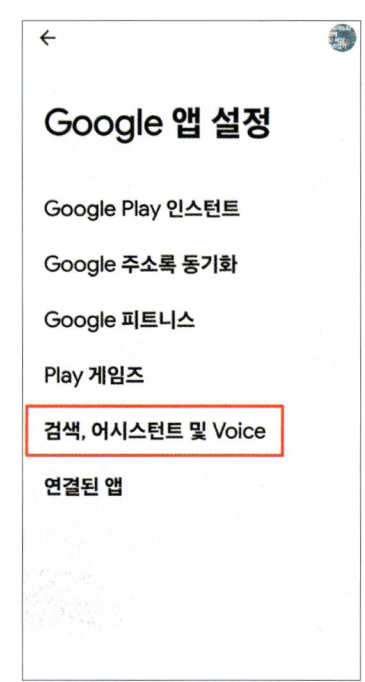

1️⃣ "Hey Google"이나 "Ok Google" 둘 중 한 호출 명령어로 어시스턴트를 호출하려면 보이스 매치를 실행해야 합니다. 스마트폰 상단 바를 내려 [설정]을 터치한 후 [Google]을 터치합니다.

2️⃣ ① [모든 서비스] 탭을 선택하고 ② [Google 앱 설정]을 터치합니다.

3️⃣ [검색, 어시스턴트 및 Voice]를 터치합니다.

 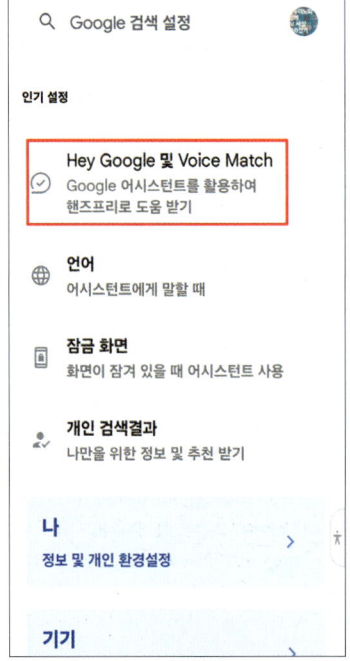 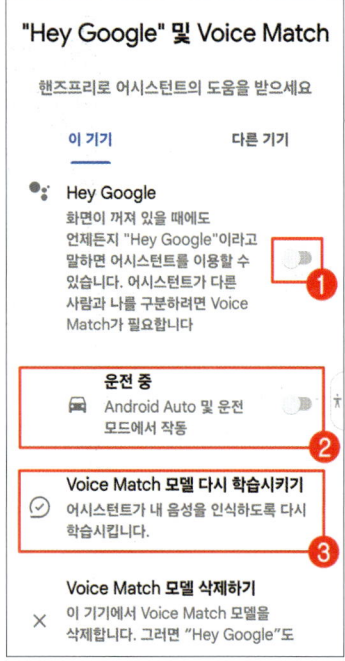

1️⃣ [Google 어시스턴트]를 터치합니다. 2️⃣ [Hey Google 및 Voice Match]를 터치합니다.

3️⃣ ① [Hey Google]을 활성화합니다. 활성화시키지 않을 경우 ② [Android Auto 및 운전 모드에서 작동] 여부를 선택합니다. "Hey Google" 기능이 비활성화된 상태에서도 운전 중 음성 명령을 사용할 수 있는지를 독립적으로 설정할 수 있는 옵션입니다. ③ [Voice Match 모델 다시 학습시키기]를 터치합니다.

  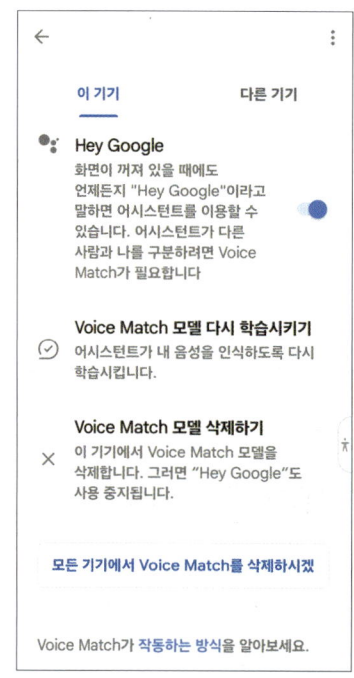

① 화면의 순서대로 음성 인식을 위해 제시된 명령어를 말해줍니다. ② 이제 **"Hey Google"**, **"Ok Google"** 이라고 말하면 기기에서 내 음성을 인식할 수 있습니다. [다음]을 터치합니다.

③ ["Hey Google" 및 Voice Match] 화면으로 되돌아갑니다.

4) 구글 어시스턴트 사용해보기

  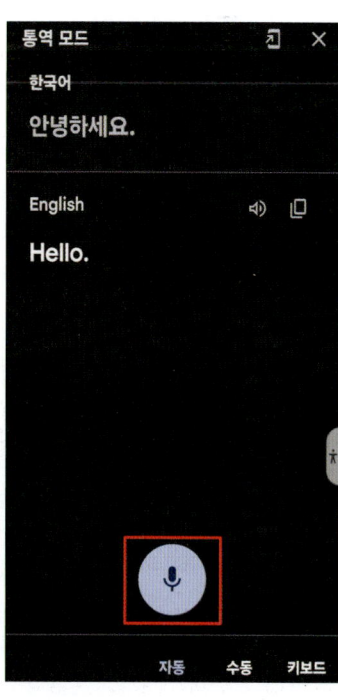

① "오늘 날씨 어때", "주말 날씨 어때" 등으로 날씨를 알려달라고 할 수 있습니다.

② 주변 맛집을 알려달라고 할 수 있습니다.

③ **"중국어로 통역해 줘"** 라고 명령하면 계속 통역을 해 줍니다. 마이크를 터치해서 통역할 말을 하면, 지정한 나라말로 통역이 됩니다.

스마트폰 저장공간 관리하기

● 카카오톡 설정에서 저장공간 확보하기

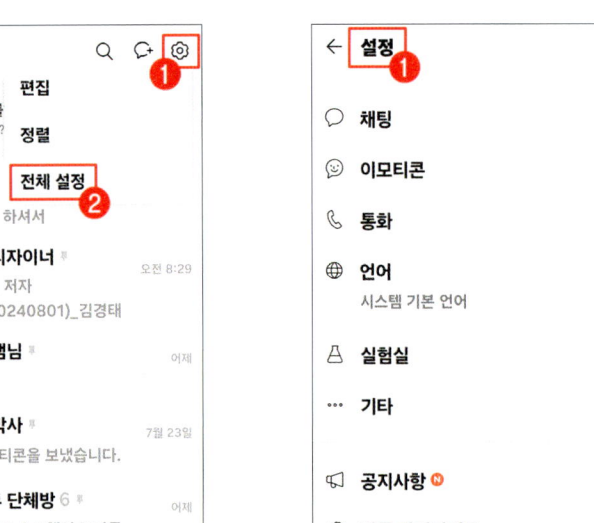

1 카카오톡 채팅 화면 우측 상단 ① [설정(톱니바퀴 아이콘)]을 터치한 후 ② [전체 설정]을 터치합니다.
2 ① 카카오톡 설정 화면이 보이고 맨 하단에 ② [앱 관리]를 터치합니다.
3 앱 관리 화면이 보이고 [저장 공간 관리]를 터치합니다.

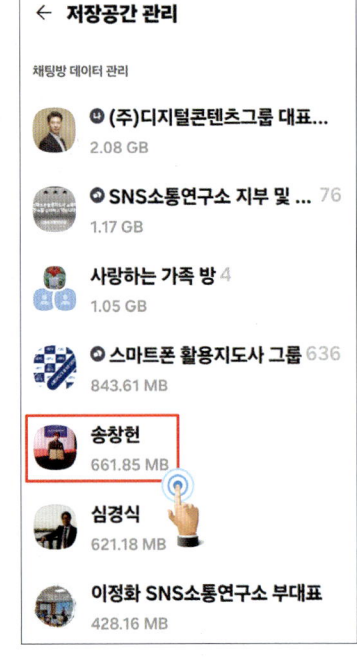
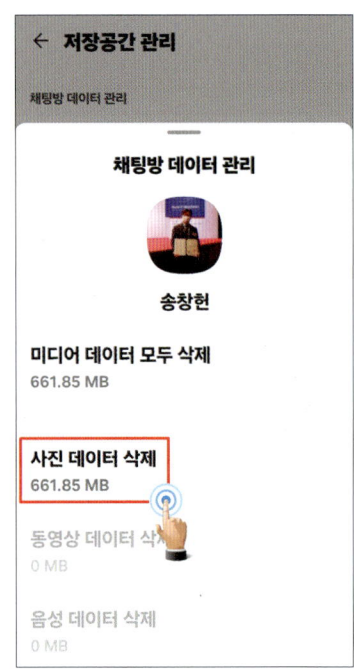

1 [미디어 데이터 모두 삭제]를 터치하면 카카오톡에서 주고 받은 파일들을 한번에 모두 삭제할 수 있지만 다운로드 받지 않은 이미지 및 동영상 데이터는 2-3개월 이전 항목은 보이지 않을 수 있습니다.
2 데이터 삭제를 위해 채팅방 1개를 선택합니다. **3** [사진 데이터 삭제]를 터치하면 데이터를 한번에 모두 삭제할 수 있습니다. 중요한 데이터는 미리 다운로드 받아 놓는 것이 좋습니다.

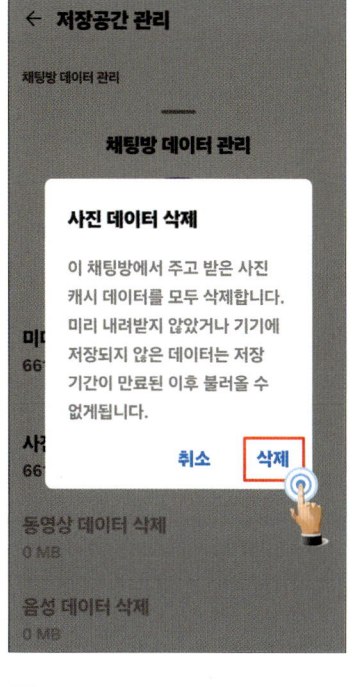  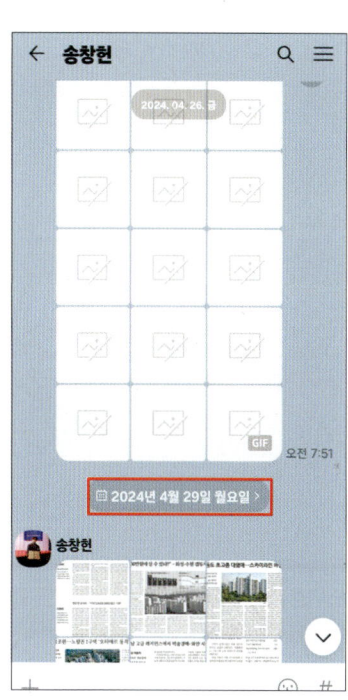

❶ 사진 데이터 삭제를 선택하시면 바로 삭제가 되는데 데이터 저장 기간은 카카오톡 고객센터에서 확인해 보면 [임시 저장 기간은 시스템의 부하와 성능을 고려하여 수시로 변경되기 때문에 정확한 안내가 어렵다고 합니다.] ❷ 채팅방에서 개별적으로 데이터를 삭제할 수 있습니다. ❸ 데이터 삭제를 하게 되면 2-3개월 전 데이터는 보이지 않습니다.

❶ 채팅방 우측 상단에 [3선 아이콘]을 터치합니다. ❷ 우측 하단에 [설정(톱니바퀴 아이콘)]을 터치합니다. ❸ 채팅방 설정 메뉴 하단에 [채팅방 데이터 관리] 메뉴를 터치하시면 채팅방에서 상대방과 주고받은 이미지, 동영상, 음성 파일 데이터를 삭제할 수 있습니다. 앞에서도 언급했지만 중요한 데이터는 미리 다운로드 받아 놓는 것이 좋습니다.

● 위젯을 활용한 저장 공간 확보하기

  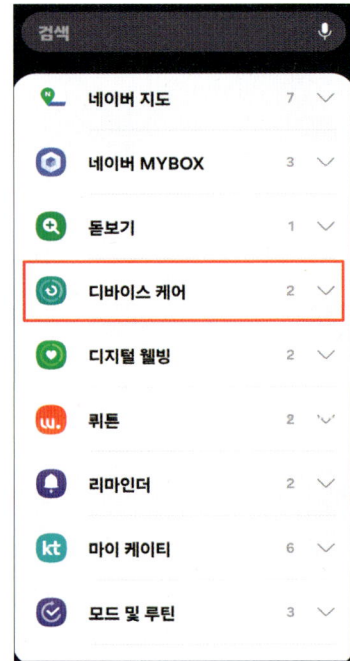

1️⃣ [홈화면] 빈 곳을 길게 누르거나, 화면을 꼬집어 줍니다.

2️⃣ 하단 [위젯]을 터치합니다. 3️⃣ [디바이스 케어]를 터치합니다.

1️⃣ [디바이스 케어]에서 [최적화 1x1], [저장 공간 관리 및 최적화 4x1] 2개의 종류 중 [최적화 1x1]을 손가락으로 길게 누르면 홈 화면에 설치됩니다.

2️⃣ 홈 화면에 설치된 [최적화]를 길게 눌러줍니다.

3️⃣ 최적화 [설정]을 터치합니다.

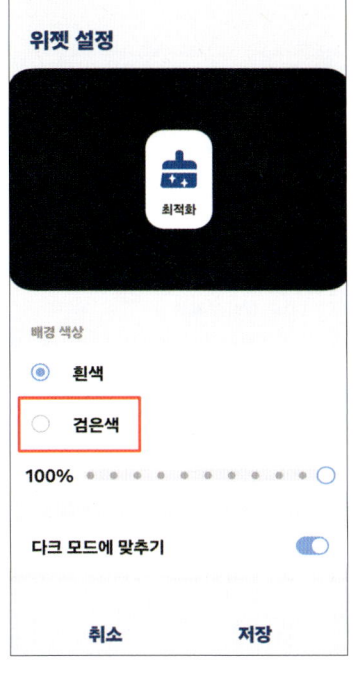  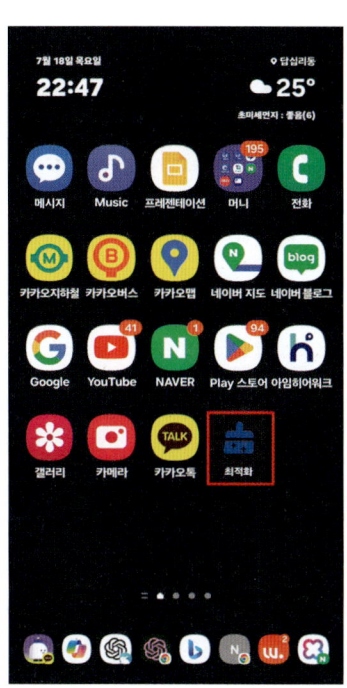

1 [설정]에서 위젯 바탕색을 흰색에서 검은색으로 바꿉니다. **2** [설정]에서 위젯 바탕색을 검은색으로 터치하고 [저장]합니다. **3** ① [최적화] 위젯을 터치합니다. ② [휴대전화를 최적화했습니다]

● 스마트폰 기기 최적화 하기

  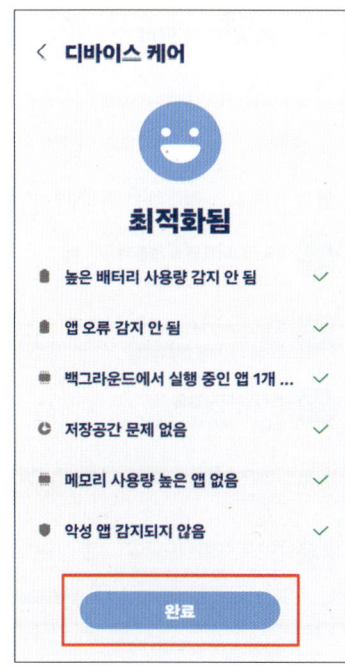

1 홈화면의 [알림줄] - [설정]을 터치 ① 설정이 나오면 ② [디바이스 케어]를 터치합니다.
2 스마트폰을 최적화하기 위해 [지금 최적화]를 터치합니다.
3 최적화 작업이 끝나면 [완료]를 터치합니다.

● 구글 플레이스토어 앱 관리에서 저장공간 확보하기

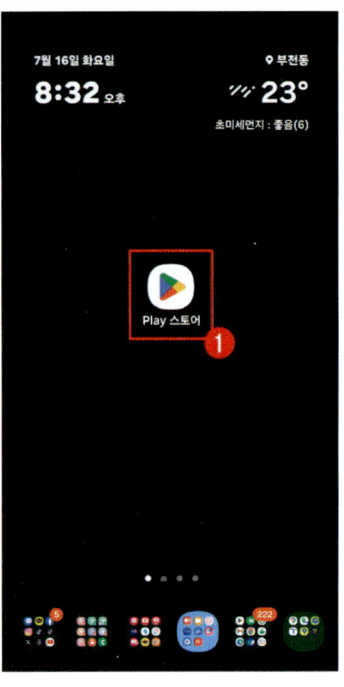

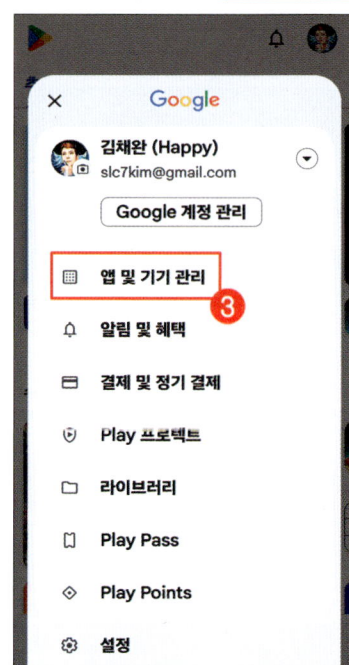

1 ① [Play스토어] 앱을 터치합니다.
2 ② 우측 상단 [프로필]을 터치합니다.
3 ③ [앱 및 기기 관리]를 터치합니다.

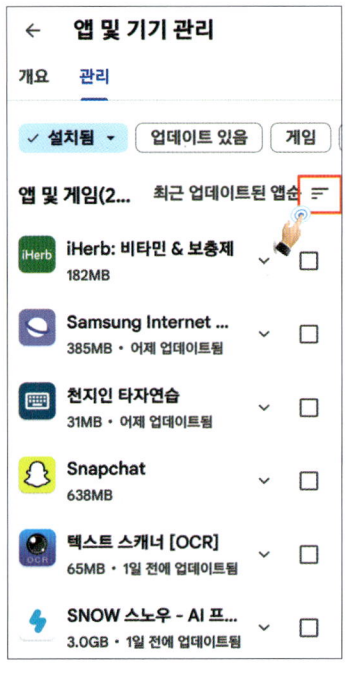
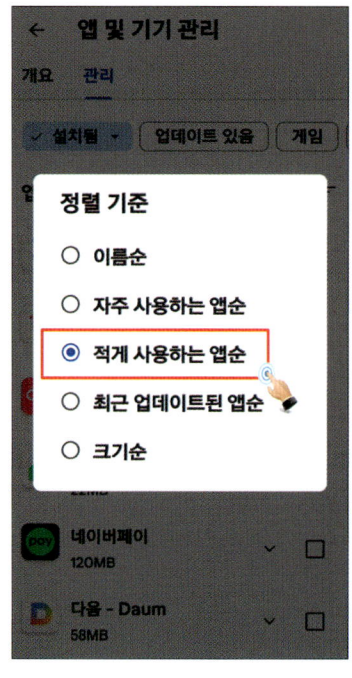
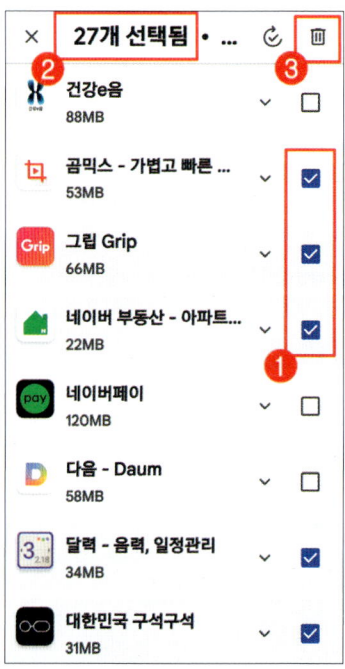

1 관리 탭 에서 [삼선]을 터치합니다. **2** 정렬 기준에서 [적게 사용하는 앱순]을 선택합니다.
3 ① 사용하지 않는 앱들을 선택 [✔] 체크합니다. ② 삭제할 앱 이 27개 선택되었습니다.
    ③ 우측 상단에 있는 [휴지통]을 터치합니다.

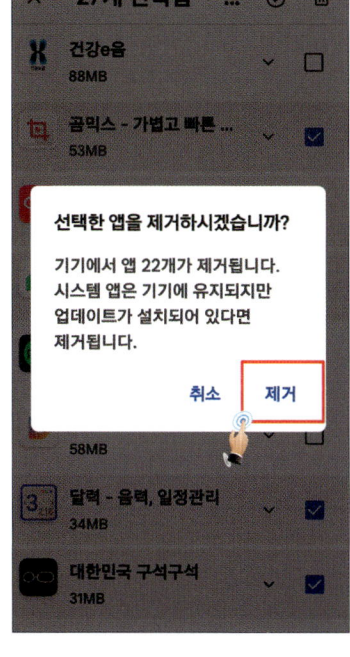 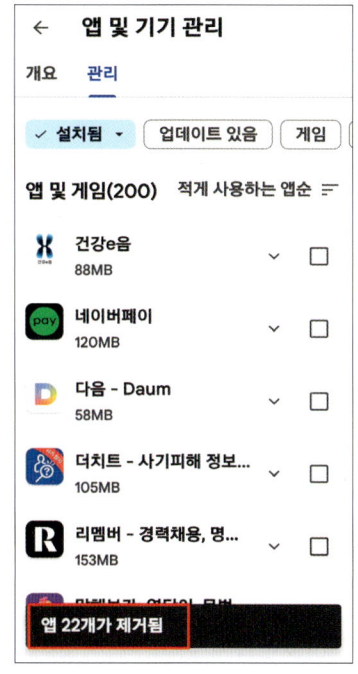

> **Tip**
>
> 앱을 삭제하거나 사용 중지한 경우, 휴대 전화에서 다시 추가할 수 있습니다.
> 플레이스토어 우측 상단 [프로필] > [앱 및 기기 관리] > 관리 탭에서 '설치됨' 옆에 목록 단추 [▼] 터치 > [설치되지 않음] 터치 > 설치할 앱 체크 [✓] 합니다. > 상단에 다운로드 [⬇]를 터치하면 앱이 다시 설치됩니다.

1️⃣ [선택한 앱을 제거하시겠습니까?]에서 [제거]를 터치합니다.
2️⃣ [앱 22개가 제거됨]으로써 저장 공간이 확보되었습니다.

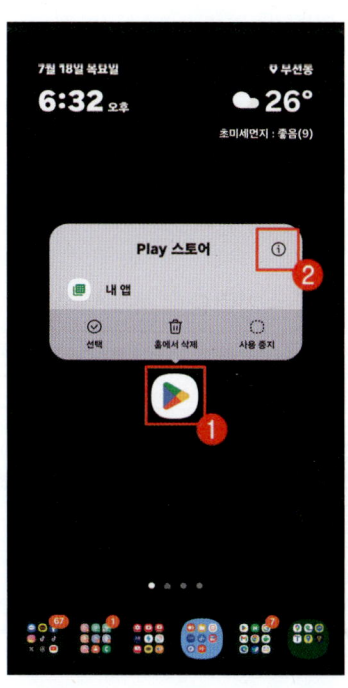 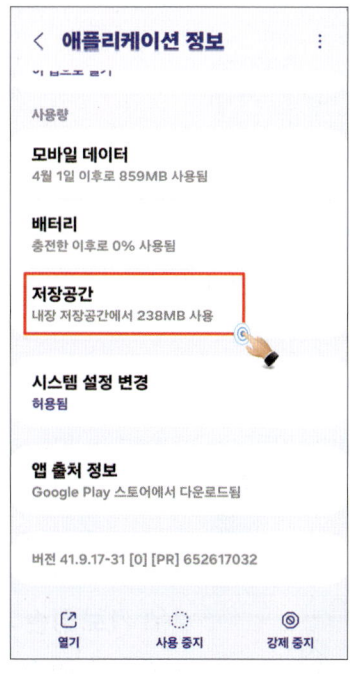 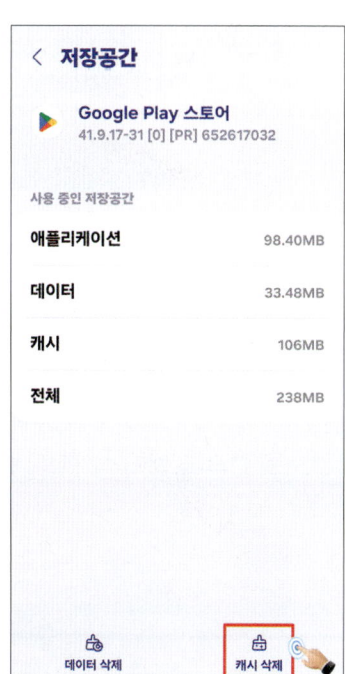

1️⃣ ① [Play스토어]를 터치합니다. ② 앱 정보[ⓘ]를 터치합니다.
2️⃣ [저장 공간]을 터치합니다.
3️⃣ [캐시 삭제]를 터치합니다.

스마트폰 UCC

● 사진 잘 찍는 법

스마트폰 카메라로 사진 잘 찍으려면?

- 스마트폰 카메라로 사진 찍을 때 이것만 알고 있어도 좋은 사진을 찍을 수 있습니다.

1) 올바른 파지법

스마트폰 카메라는 디지털카메라와는 달리 사진을 찍는 셔터 버튼을 터치한 후 손가락을 뗄 때 사진이 찍히게 됩니다. 대부분의 경우 스마트폰으로 사진을 찍는 사람들은 한 손으로 스마트폰을 들고 다른 한 손으로 셔터 버튼을 터치합니다. 이런 경우 약간이라도 세게 터치하게 되면 흔들린 사진이나 수직/수평이 맞지 않는 사진을 얻게 됩니다. 그뿐만 아니라 셔터 버튼을 터치하기 바쁘게 스마트폰을 움직이는 사람도 있습니다. 이런 경우에도 흔들린 사진을 보게 되므로 셔터 버튼을 터치하고 찰칵 소리를 완전히 듣고 나서 스마트폰을 움직이는 것이 좋습니다.

그러므로 스마트폰으로 사진을 찍을 때 올바르게 잡고 찍는 것이 매우 중요한 일이라고 할 수 있습니다.

• **가로 파지법**

양손 파지법

① 왼손 엄지와 검지로 스마트폰 왼쪽 위아래를 감싸듯 잡고 오른손 검지와 약지 손가락으로 스마트폰 뒷면을 지지해 줍니다.
② 팔꿈치를 옆구리에 밀착시켜 흔들리지 않도록 고정합니다.
③ 오른쪽 엄지손가락을 이용하여 셔터 버튼을 눌러 촬영합니다.

한손 파지법

위 가로 양손 파지법에서 왼손을 떼고 찍으면 됩니다.

• **세로 파지법**

① 왼손으로 스마트폰을 감싸듯 잡습니다.
② 오른손으로 왼손을 감싸듯 잡아줍니다.
③ 팔꿈치를 옆구리에 밀착시켜 흔들리지 않도록 고정합니다.
④ 오른쪽 엄지손가락을 이용하여 셔터 버튼을 눌러 촬영합니다.

① 두 손으로 잡으면 안정감이 있고, 한 손으로 잡으면 다른 한 손으로 화면을 터치하여 초점과 밝기를 조절할 수 있는 장점이 있게 됩니다.
② 어떤 경우에도 엄지손가락은 항상 촬영 버튼 위에 있어야 촬영하기 쉽습니다.

2) 스마트폰 카메라로 사진 찍을 때 제일 먼저 할 일

스마트폰 카메라로 사진을 찍을 때 무엇보다도 가장 먼저 할 일은 렌즈를 닦는 일입니다. 그 이유는 스마트폰을 손으로 들고 다니다 보면 렌즈에 손 때가 많이 묻기 마련인데 그런 상태로 그냥 사진을 찍으면 아무래도 사진이 흐려지기 십상이지요. 따라서 사진을 찍기 전에 가장 먼저 렌즈부터 깨끗이 닦아야 합니다.

3) 화면 조절하기

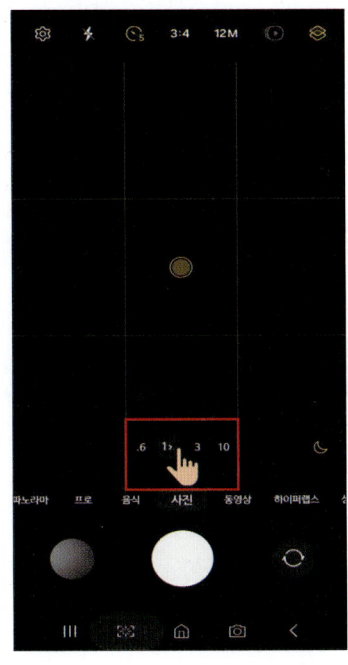
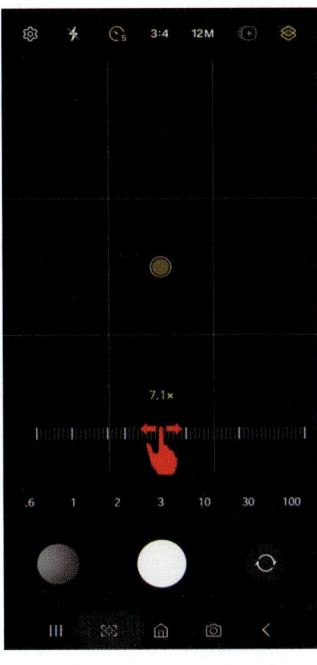

1️⃣ 사진의 화면(크기)을 조절하는 방법은 화면 하단에 있는 숫자를 손으로 터치하여 2️⃣ 좌우로 드래그하면 자 모양이 나타납니다. 적당한 크기에서 손을 떼면 화면이 조절이 됩니다.

이것은 말하자면 조금 멀리 있는 피사체를 가까이 당겨서 크게 찍는 망원렌즈에 해당한다고 보겠는데, 스마트폰 카메라는 상이 맺히는 센서가 아주 작기 때문에 당겨 찍기 하면 상이 흐려지게 됩니다.

그러므로 스마트폰 카메라로 사진을 찍을 때는 당겨 찍기보다 촬영자가 피사체에 가까이 다가가서 찍는 것이 좋습니다.

4) 카메라 설정

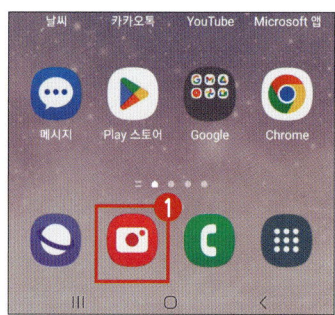

1. ① 스마트폰 홈화면의 [카메라] 아이콘을 터치하여 카메라를 엽니다. ② 카메라가 열리면 왼쪽 상단에 있는 톱니바퀴 모양의 [설정] 아이콘을 터치합니다.
2. 3 아래의 카메라 촬영 설정을 위한 각 항목들을 확인할 수 있습니다.

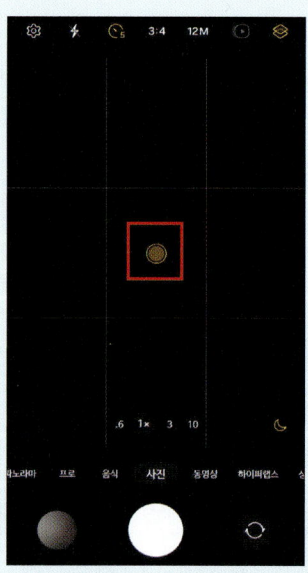

촬영 구도 추천

스마트폰 사진 촬영 시 가장 힘들어하는 부분이 좋은 구도 잡기입니다. 구도는 오로지 촬영자의 몫이기 때문입니다. 완벽한 구도로 사진을 촬영하기 위해서는 [촬영 구도 추천]을 활성화합니다.

① 촬영 구도 추천을 설정하면 카메라 중앙에 윤곽선이 흰 색인 원과 바탕색이 흰 색인 원이 나타납니다.

② 이 두 원을 일치시키면 흰색의 원들이 노란색으로 바뀌게 되는데 이는 구도가 제대로 맞았다는 뜻이며 이 때 셔터 버튼을 터치하여 촬영하면 됩니다.

위/아래로 밀어 카메라 전환

위/아래로 밀어 카메라 전환을 활성화하면 카메라에 손가락을 대고 위/아래로 드래그할 때 뒷면 카메라와 앞면 카메라로 쉽게 전환이 가능합니다.

동영상 손떨림 보정

동영상 손떨림 보정 기능을 활성화하면 초점이 흔들리는 것을 방지하여 선명한 사진을 얻는데 매우 중요합니다.

수직/수평 안내선

수직/수평 안내선을 활성화하면 황금분할선이 생기는데 안정적인 구도를 잡는데 매우 중요합니다.

촬영 방법

셀프 사진을 찍을 때 필요한 것으로 음성명령, 플로팅 촬영 버튼, 손바닥 내밀기 등을 설정할 수 있습니다.

> **위치 태그**
>
> 사진을 찍은 시점의 위치가 나타나게 됩니다.

> **촬영 버튼 밀기**
>
> 버스트 샷 촬영과 GIF 만들기 중 선택할 수 있습니다. 버스트 샷을 선택하면 연속촬영이 가능하며 촬영 방법은 셔터버튼을 터치한 채 아래로 내리면 됩니다.

5) 초점 맞추기 및 터치해서 밝기 조정하기

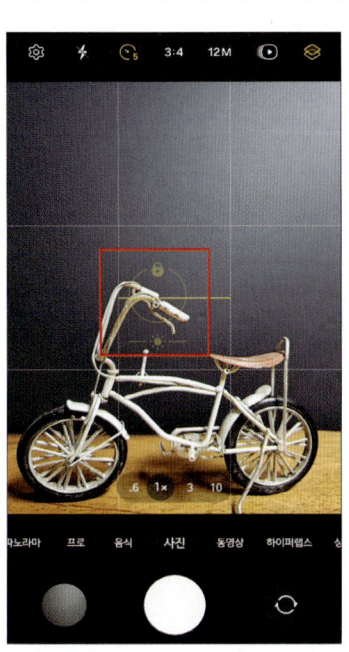

① 일반적으로 스마트폰 카메라로 사진을 찍을 때 흔히 간과하기 쉬운 것이 초점을 맞추는 일입니다.

② 사진을 찍기 전에 카메라를 통해 보이는 주 피사체를 롱터치하면 노란색 둥근 원과 잠겨있는 자물쇠가 나타나게 되는데 초점이 맞춰졌다는 말입니다.

③ 노란색 둥근 원과 잠겨있는 자물쇠가 나타난 경우는 약간의 구도 조절을 해도 초점이 흐트러지지 않습니다.

④ 초점 맞추기의 위나 아래에 해 모양의 아이콘과 좌우에 가로줄이 있는 모양이 있는데 이 때 해 모양의 아이콘을 좌우로 움직이면 사진의 밝기 조절이 가능합니다.

⑤ 해 모양의 아이콘을 우측으로 움직이면 사진이 밝아지며 좌측으로 움직이면 사진이 어두워집니다.

6) 동영상 촬영하면서 동시에 사진찍기

동영상을 촬영하면서 동시에 사진을 찍을 수도 있습니다.

1 동영상 버튼을 터치하여 동영상을 촬영합니다.
동영상을 촬영하는 도중 사진을 찍을 필요가 있을 때는 촬영 중인 동영상을 끄지 않고 그냥 사진을 찍을 수도 있습니다.

2 동영상 촬영 버튼 좌측에 나타나 있는 카메라 버튼(혹은 원 버튼)을 터치하면 동영상을 촬영하면서 동시에 사진을 찍을 수 있게 됩니다.

● 광고 없이 유튜브 시청하기

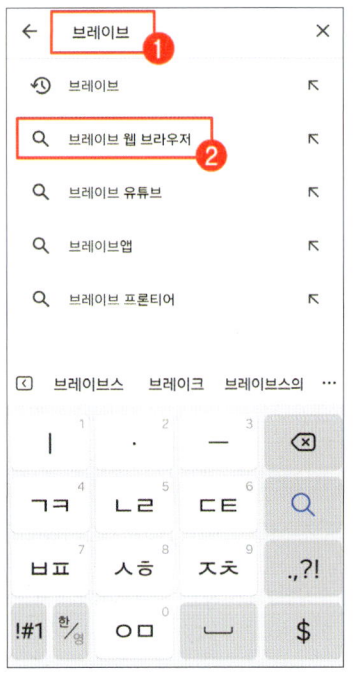
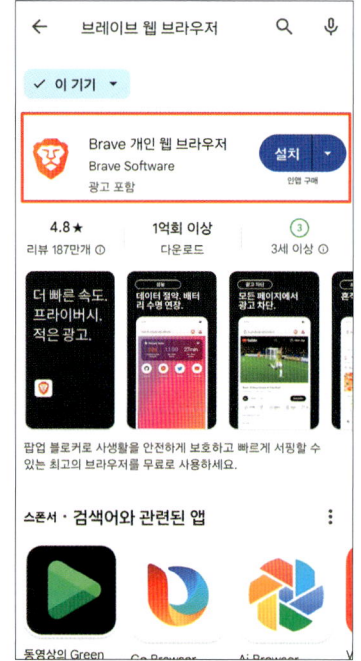

1 [구글 Play스토어]를 터치합니다. ① [브레이브]를 입력합니다. ② [브레이브 웹 브라우저]을 터치합니다. **2** [브레이브 웹 브라우저]을 설치합니다. **3** 알림을 [허용] 터치하고 기본 브라우저로 설정은 하지 않고 [나중에]를 터치합니다. Brave 개선에 참여는 [계속]을 터치합니다.

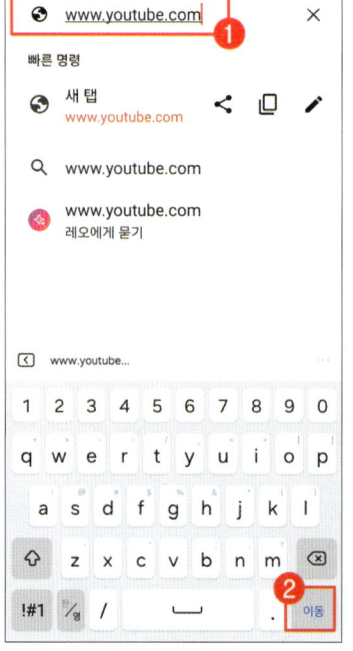

1 위쪽 회색창에 [검색 또는 URL 입력]을 터치합니다.

2 ① [www.youtube.com]을 타이핑합니다. ② 이동 버튼을 터치합니다.

3 [유튜브 검색창]에 검색어를 입력합니다.

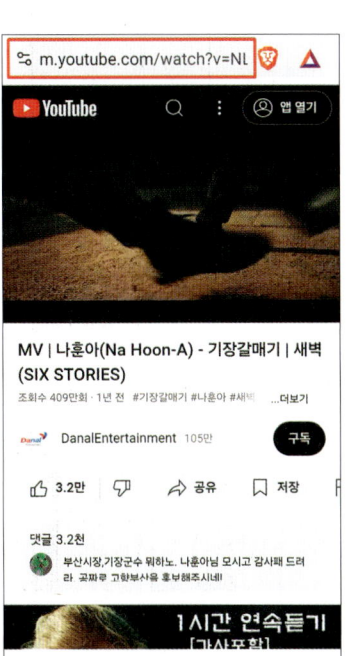 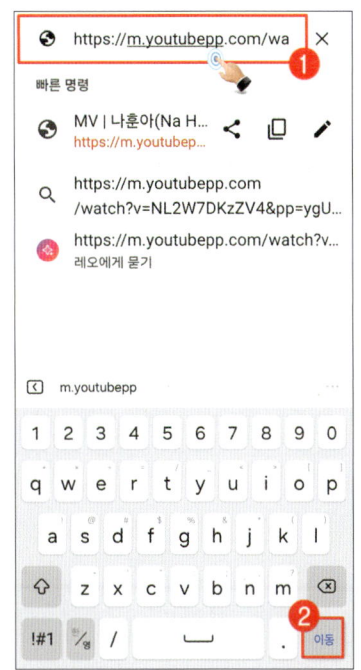 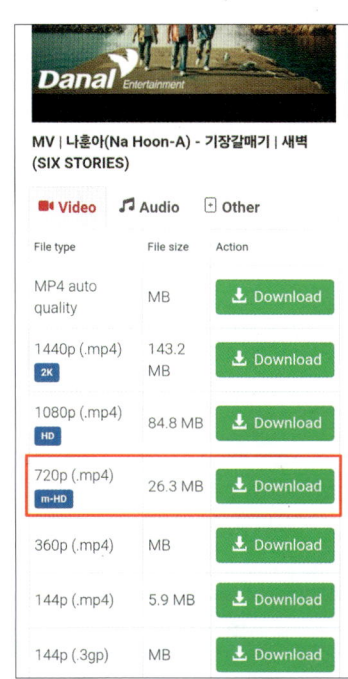

1 스마트폰 화면에 손을 대고 아래로 끌어당겨서 [유튜브 동영상의 URL]이 보이도록 합니다.
2 ① 유튜브 동영상의 URL 주소에서 [youtube 뒤에 터치한 다음 영어 소문자 pp]를 타이핑합니다.
　② [이동] 버튼을 터치합니다.
3 화면을 내리면 다양한 크기의 동영상을 [Download] 할 수 있습니다.

 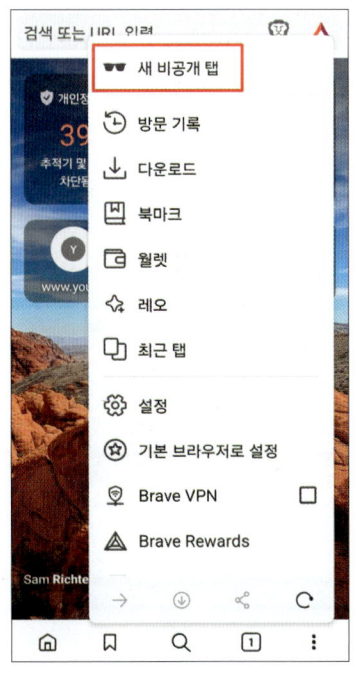 

1 유튜브 시크릿 모드를 사용하기 위해서는 오른쪽 아래에 있는 [점 3개]를 터치합니다.
2 메뉴들 가장 위쪽에 있는 [새 비공개 탭]을 터치합니다.
3 [검색 또는 URL 입력]에 검색하고자 하는 단어를 입력합니다.

● 음악 다운로드하기 – 삼성 뮤직 및 음악 플레이어

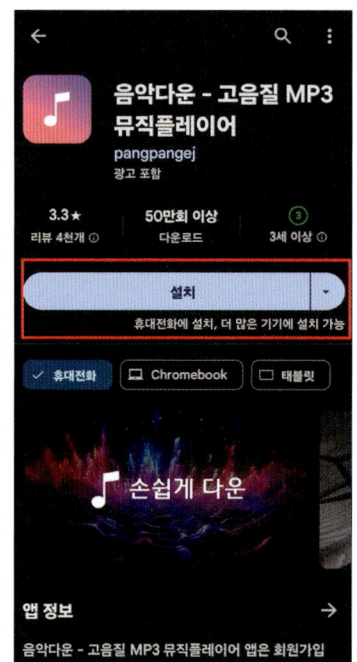

1 [구글 Play스토어]를 터치합니다. ① [음악다운]를 입력합니다. ② [음악다운 – 고음질 MP3 뮤직 플레이어]를 터치합니다.

2 [음악다운 – 고음질 MP3 뮤직플레이어]를 설치합니다.

3 [음악다운 – 고음질 MP3 뮤직플레이어]를 엽니다.

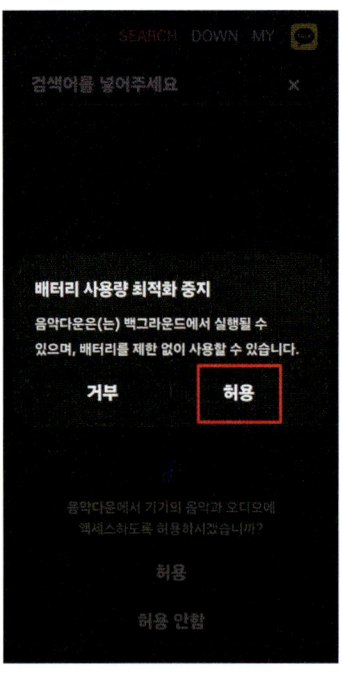

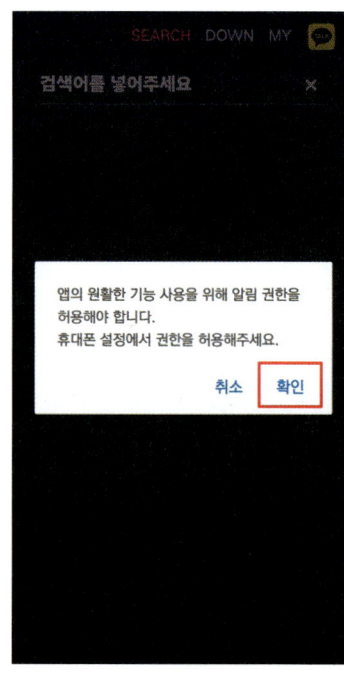

1 [배터리 사용량 최적화 중지]에서 [허용]을 터치합니다.

2 [음악다운에서 기기의 음악과 오디오에 액세스하도록 허용하시겠습니까]에서 [허용]을 터치합니다.

3 [휴대폰 설정에서 권한을 허용해주세요]에서 [확인]을 터치합니다.

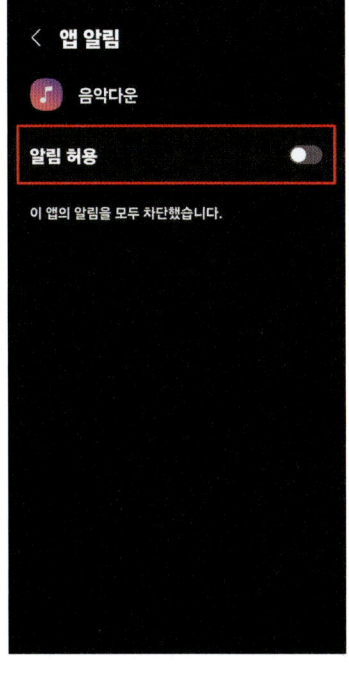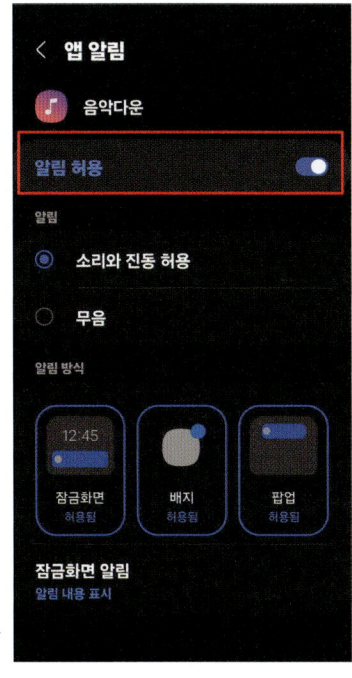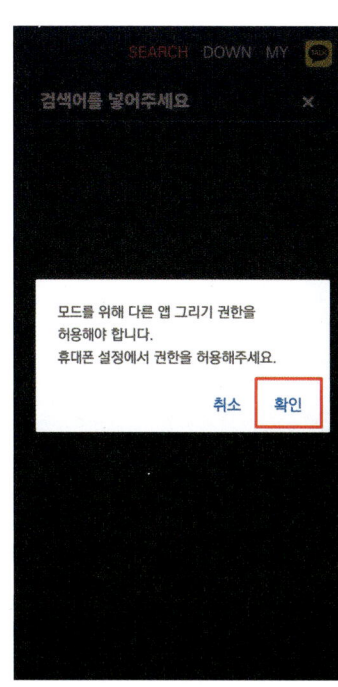

① [앱 알림]에서 알림 허용 회색 부분을 터치합니다.
② [앱 알림]에서 알림 허용 부분이 파란색이 되는 것을 확인합니다.
③ [휴대폰 설정에서 권한을 허용해주세요.]에서 [확인]을 터치합니다.

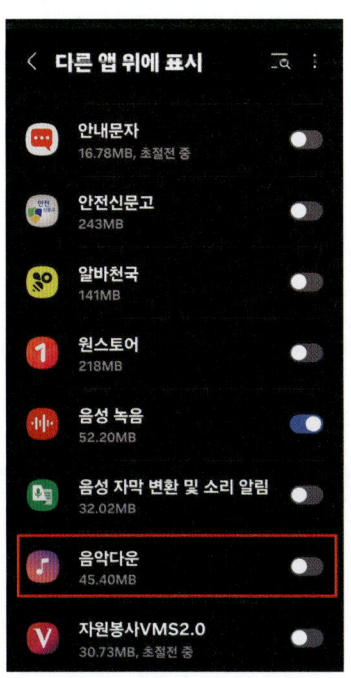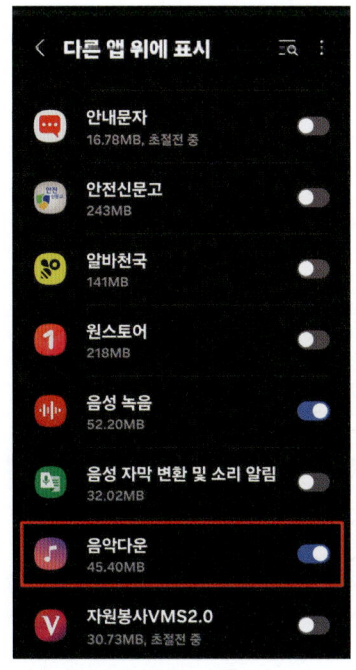

① [다른 앱 위에 표시]에서 음악다운 위치를 확인합니다.
② [다른 앱 위에 표시]에서 [음악다운 회색 부분]을 터치하여 파란색이 되게 합니다.
③ [검색어를 넣어주세요.] 부분에 듣고 싶은 가수 이름이나 노래 제목을 타이핑합니다.

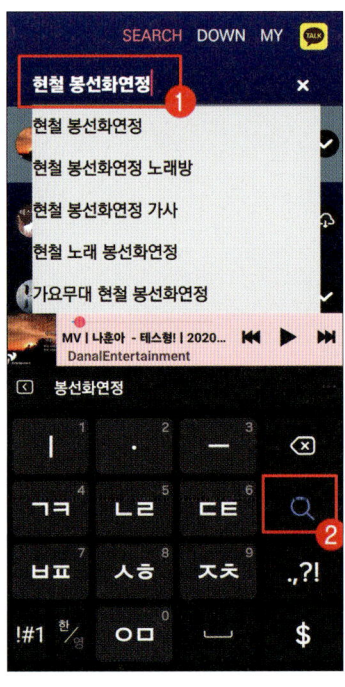  

1️⃣ ① [검색창]에 노래 제목을 타이핑합니다. ② [돋보기]를 터치합니다.

2️⃣ [재생(세모 모양)] 버튼을 눌러 노래를 들어보고 마음에 들면 [다운로드(구름모양)] 버튼을 눌러 음악을 다운로드합니다.

3️⃣ 다운로드가 완료되면 [체크] 버튼으로 바뀌게 되는 것을 확인할 수 있습니다.

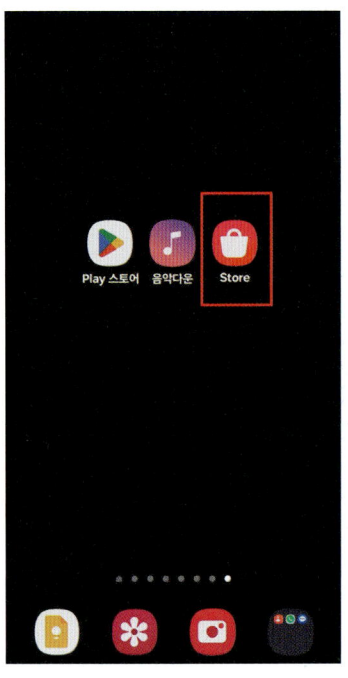  

1️⃣ [구글 Play스토어]가 아닌 [갤럭시 Store]를 터치합니다.

2️⃣ [검색(돋보기 모양)]을 터치합니다.

3️⃣ ① [삼성뮤직]를 입력합니다. ② [다운로드(화살표 모양)]을 터치하여 설치합니다.

 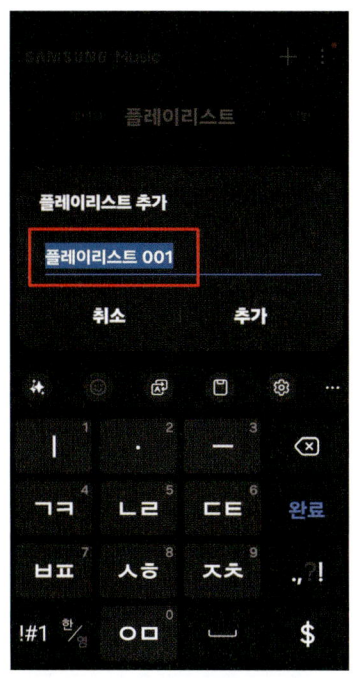 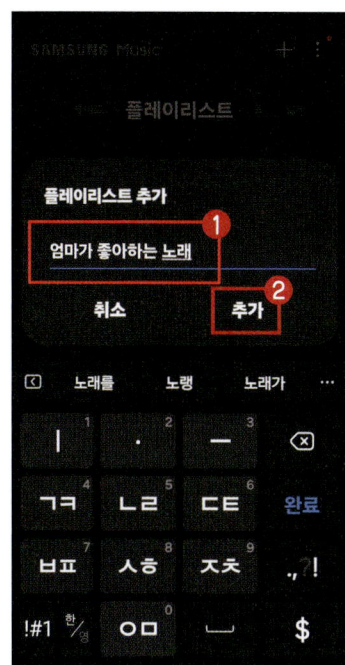

이용약관 및 필수 권한에서 [계속]을 터치하고, 각종 권한에 허용을 터치하고 [모바일 데이터로 연결]을 터치하여 앱 설치를 완료합니다. ❶ 오른쪽 위 [더하기(+)]를 터치합니다.

❷ [플레이리스트 추가]를 위해 본인이 원하는 [리스트 제목]을 입력합니다.

❸ ① [플레이리스트 제목 입력] 후 ② [추가] 버튼을 터치합니다.

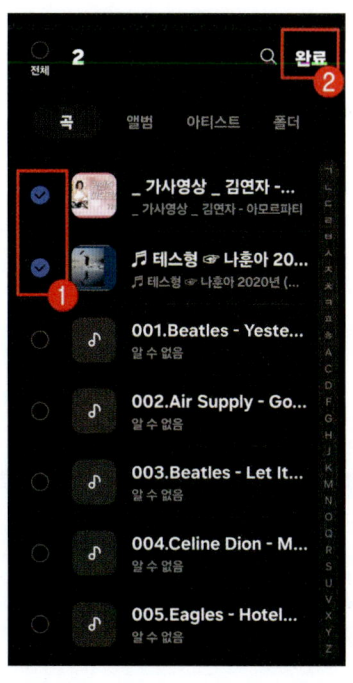  

❶ ① 플레이리스트에 넣을 음악을 선택합니다. ② 오른쪽 위 [완료] 버튼을 터치합니다.

❷ 아래쪽 [재생(세모 모양)]을 터치하여 음악을 듣습니다.

❸ 오른쪽 위 [더하기(+)]를 터치하여 또 다른 플레이리스트를 추가할 수 있습니다.

● 포토퍼니아

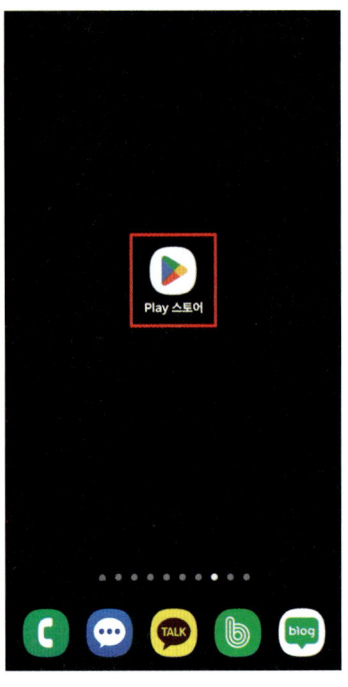

1️⃣ [Play스토어]를 터치합니다. 2️⃣ ① [포토퍼니아]를 입력하여 검색합니다. ② 포토퍼니아 아이콘을 확인하고 [설치]를 터치합니다. ③ [포토퍼니아] 설치가 완료되면 [열기]를 터치하여 실행합니다.

3️⃣ [포토퍼니아] 메뉴가 영어로 나온다면 종료 후 다시 실행하면 한글로 바뀝니다.

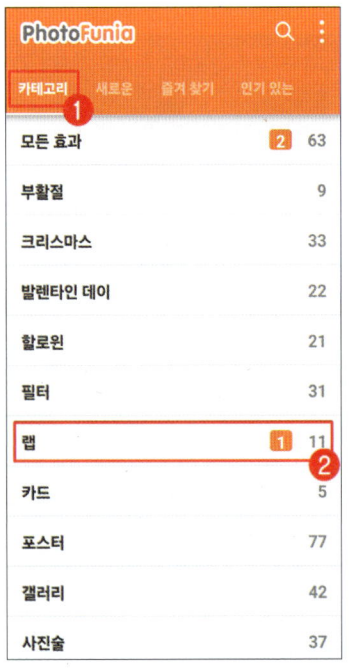

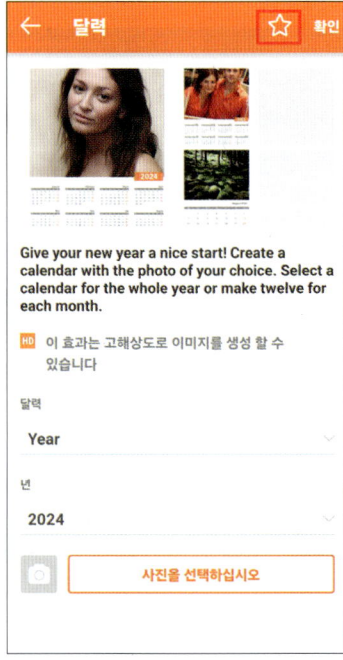

1️⃣ 상단 메뉴 중에서 ① [카테고리]를 터치합니다. 템플릿(총 639개)이 카테고리별로 몇 개 있는지 표시됩니다. 위아래로 스크롤 하여 카테고리를 확인할 수 있습니다. ② [랩]을 터치합니다.

2️⃣ [달력]을 선택합니다. 3️⃣ 현재 템플릿을 즐겨찾기 하려면 상단의 ☆을 터치합니다. 별 안쪽이 채워지고 현재 템플릿은 즐겨찾기 메뉴에 추가됩니다. 한 번 더 터치하면 즐겨찾기에서 해제됩니다.

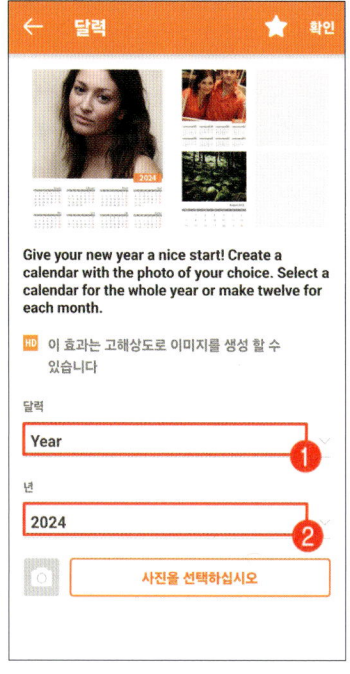  

1 ①을 터치하여 [Year] 또는 각 월 중에서 선택합니다. 예제는 [July]를 선택했습니다. ②를 터치하며 몇 년도 달력을 만들지 선택합니다. (2022년~2024년 중에서 선택) **2** ③ [사진을 선택하십시오]을 터치합니다. **3** ④ [사진을 찍다]를 선택하면 지금 촬영을 위해 카메라로 연결됩니다.

 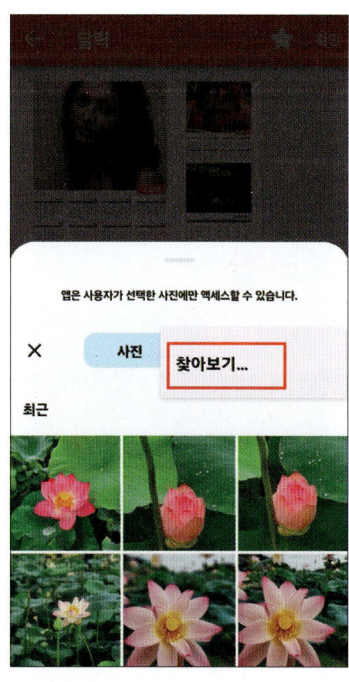 

1 [기존 사진 선택]을 선택합니다. 갤러리의 최근 사진이 나타납니다. 최근 사진에 원하는 사진이 없으면 [점 세 개]를 터치합니다. **2** [찾아보기...]을 터치합니다.

3 ① [삼선]을 터치하면 갤러리로 연결할 수 있는 사이드 창이 열립니다. ② [갤러리] 아이콘을 눌러 갤러리에서 합성할 사진을 선택합니다. 갤러리 아이콘 부분을 좌우로 스크롤 하면 다른 앱의 파일도 탐색할 수 있습니다.

 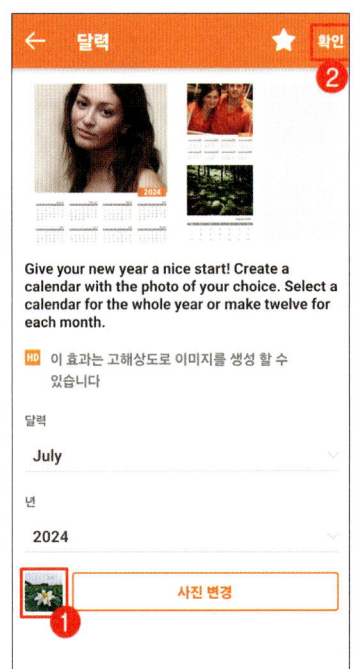 

1 ① [회전 아이콘]을 누를때마다 이미지가 시계방향으로 90도씩 회전합니다. ② 이미지의 위치를 조절 후 ③ [확인]을 터치합니다. 2 ① 업로드를 확인하고 ② [확인]을 터치하면 달력이 생성됩니다.
3 ① [중]을 터치하여 합성된 달력 이미지 사이즈를 선택할 수 있습니다. ② 갤러리에 [저장], ③ 카톡 등에 [공유]할 수 있습니다.

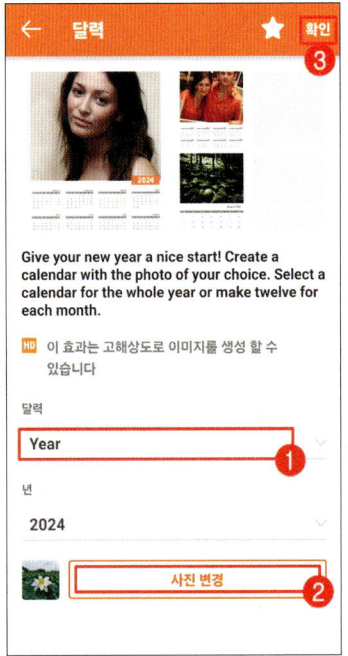  

1 상단의 왼쪽화살표를 눌러 이전단계로 옵니다. ①달력을 [Year]로 바꾸고 ② [사진변경]을 눌러 새로운 이미지를 선택한 후 ③ [확인]을 터치합니다. 2 새로운 달력 이미지가 합성되었습니다. 상단의 [왼쪽 화살표]를 눌러 3 메인화면에 오면 [즐겨찾기] 메뉴에서 달력이 즐겨찾기에 추가된 것을 확인할 수 있습니다. 상단의 돋보기 모양 아이콘을 누른 후 "스노 글로브"를 검색하여 선택합니다.

1️⃣ ① [사진을 선택하십시오]를 눌러 갤러리에서 사진을 선택합니다. ② [텍스트 라인 1]과 ③ [텍스트 라인 2]를 입력합니다. ④ 애니메이션 이미지를 생성하려면 왼쪽 이미지를 선택합니다.

2️⃣ 사진 선택, 텍스트 입력, 애니메이션 효과까지 선택했으면 [확인]을 눌러 이미지를 합성합니다.

3️⃣ 지면에서는 움직임을 확인할 수 없지만 정말 실감 나는 움짤이 만들어졌습니다.

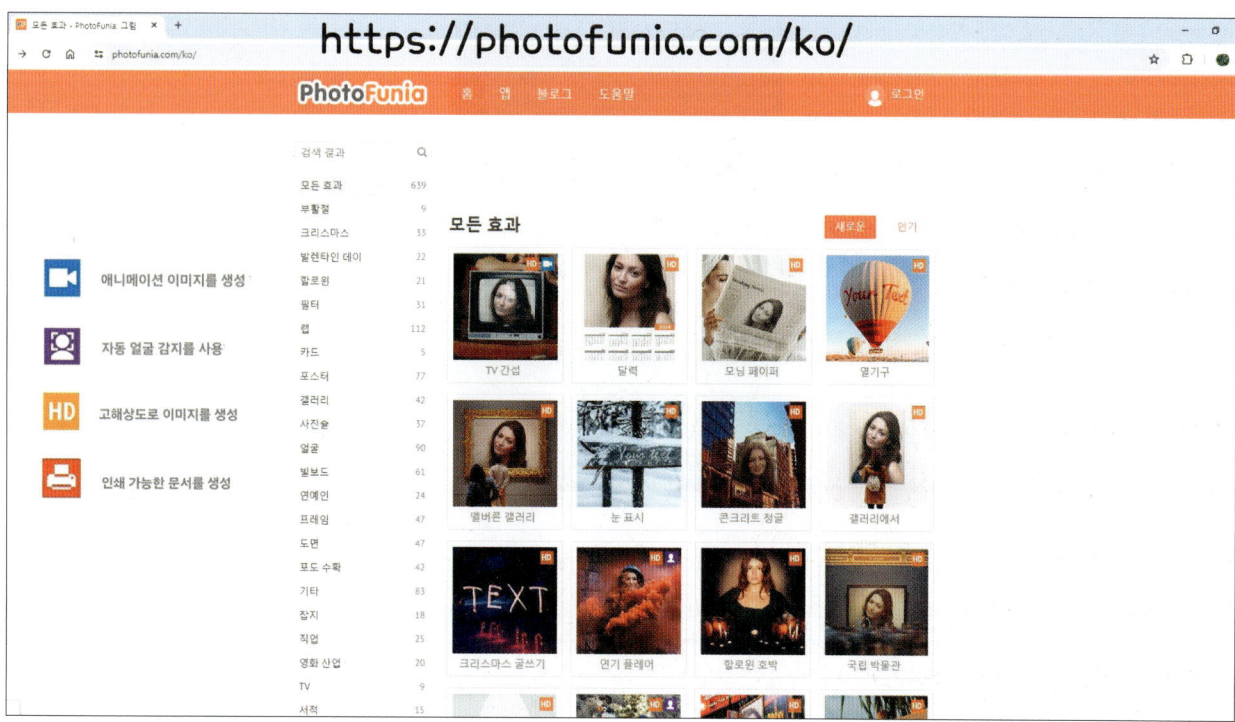

포토퍼니아는 웹에서도 사용 가능합니다. 직관적인 인터페이스로 터치 몇 번이면 간단히 사용할 수 있습니다. 설명드린 것 외에도 다양한 필터와 템플릿이 있으니 창의적인 사진 편집의 세계를 경험해 보세요.

● 카드뉴스 쉽고 빠르고 멋지게 만들기

• 감성공장

감성공장은 자신만의 캘리그래피와 글씨를 사진과 합성해 감성 넘치는 작품을 만들 수 있습니다.
감성공장의 가장 큰 장점은 쉽고 편리하게 캘리그래피 합성이 가능하다는 점입니다.

- 가입 없이 감성공장에서 제공하는 배경 사진을 사용할 수 있고, 갤러리에 저장되어 있는 사진으로도 작품을 만들 수 있습니다.
- 내가 쓴 캘리그래피 글씨를 배경사진이나 갤러리 사진에 합성할 수 있습니다.
- 텍스트 입력하기에서는 감성 글, 성경 구절을 사용할 수 있습니다.
- 만들어진 작품을 SNS에 공유할 수 있는 서비스를 제공합니다.

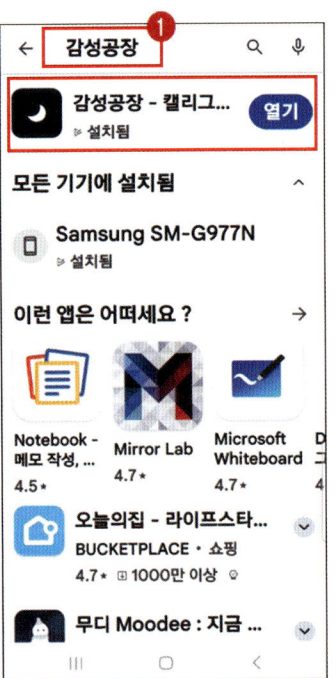 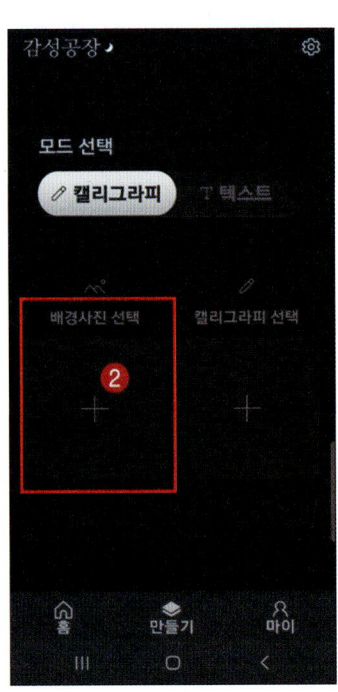 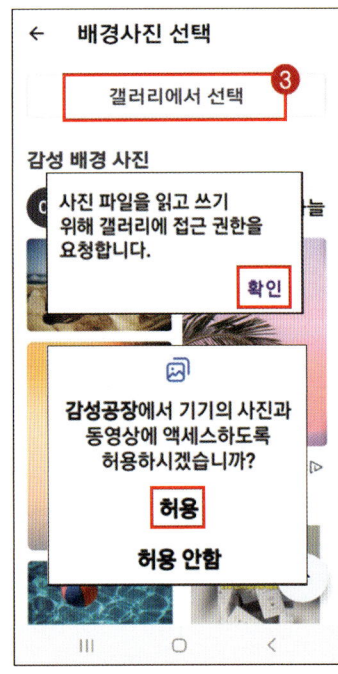

1 ① [구글 Play스토어]에서 [감성공장]를 검색하여 설치합니다.
2 ② 설치 후 [배경사진 선택]의 [+]를 터치합니다.
3 ③ [갤러리에서 선택]을 터치하면, 접근 권한 요청 창에서 [확인]하고, 다시 [허용]을 터치합니다.

  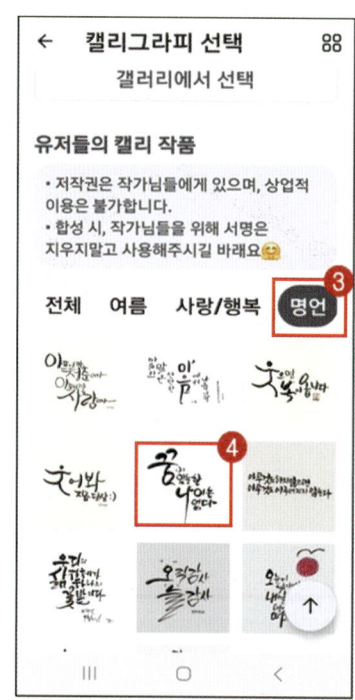

1️⃣ [갤러리]에서 편집할 이미지를 선택합니다. 2️⃣ ② [캘리그라피 선택]의 [+]를 터치합니다.
③ 감성공장에서 제공된 캘리그라피를 중간의 항목별로 찾을 수 있습니다.
3️⃣ 명언의 [꿈이 있는 한 나이는 없다]를 선택하고 [합성하기] 터치합니다.

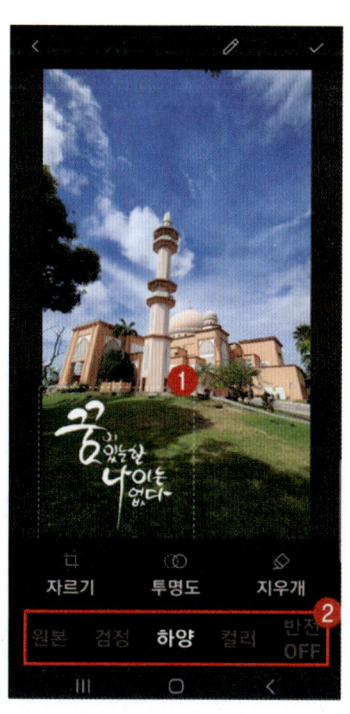 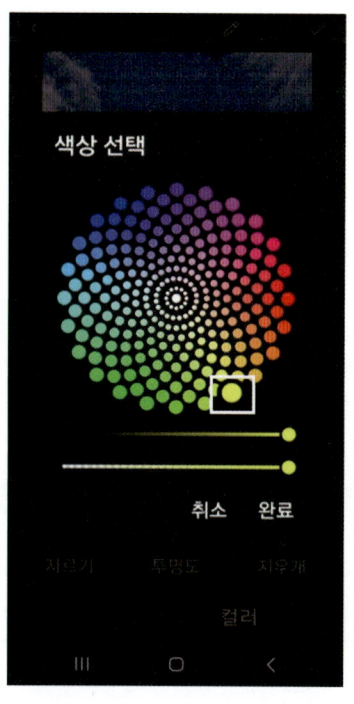 

1️⃣ ① 합성된 캘리그래피를 두 손가락으로 크기 조절과 회전, 드래그로 위치를 정하고, 자르기 등을 적절히 사용합니다. 2️⃣ ② [하양] 또는 [컬러]를 터치하여 캘리의 색상도 이미지에 어울리게 바꿔봅니다.
3️⃣ ③ [광고] 창이 보이고 잠시 후에 [갤러리에 저장되었습니다.] 창이 보이면 갤러리에서 확인해 보세요.

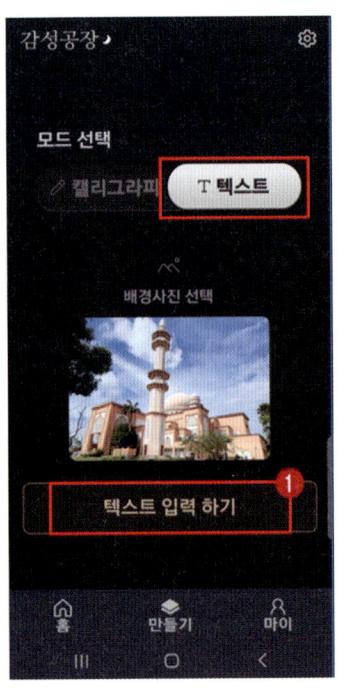  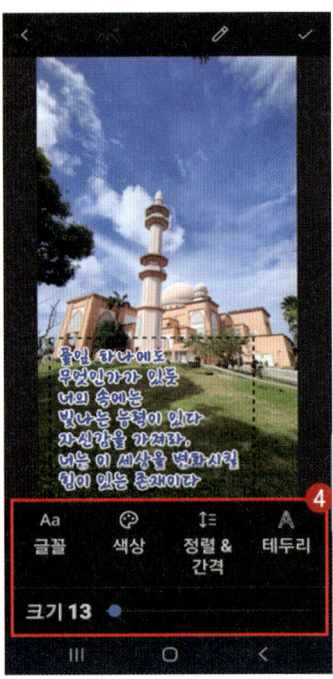

1️⃣ ① [텍스트]에서 [텍스트입력하기] 를 터치하고 2️⃣ ② [터치하여 문구를 입력하세요]를 터치하여 입력하고 싶은 글을 입력하면 됩니다. ③ [감성글, 성경]을 선택할 수도 있습니다.

3️⃣ ④ [글꼴, 색, 정렬, 테두리, 크기] 등을 지정하고, 원하는 위치로 글자를 드래그합니다.

• 수채화앱 [Qnipaint(큐니페인트)]

 Qnipaint(큐니페인트)는 사진을 수채화 느낌으로 만들어주는 디지털아트 편집앱입니다.

- 멋진 수채화를 자동으로 생성하며, 실시간 수채화 시뮬레이션으로 보여줍니다.
- 밝기, 종이, 컬러 필터 및 세부사항을 제어하고, 붓 칠 느낌의 멋진 액자를 만들 수 있습니다.
- 인물모드, 풍경모드를 지원합니다.
- 작품을 소셜미디어 플랫폼에 공유할 수 있습니다.

1 ① [구글 Play스토어]에서 [수채화]를 검색하여 설치합니다. 설치 후 [열기]을 터치합니다.
2 ② [앱 사용 중에만 허용]을 터치하고 **3** ③ [제한된 액세스 허용]을 터치합니다.

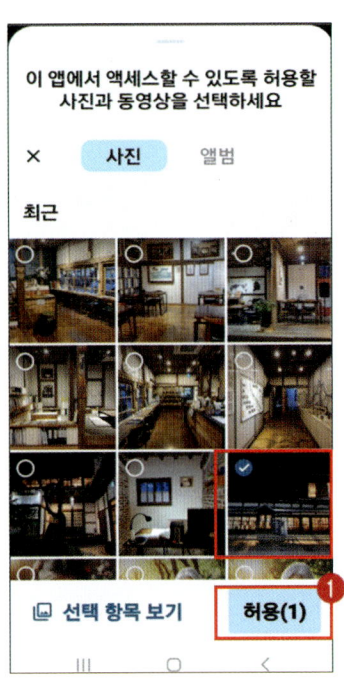  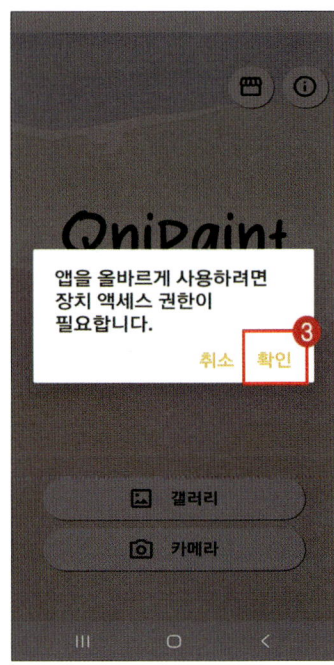

1️⃣ ① [갤러리] 사진이 보이면 편집할 이미지를 터치 후 [허용] 터치합니다.

2️⃣ ② [갤러리]를 터치합니다.

3️⃣ ③ [앱을 올바르게 사용하려면 장치 액세스 권한이 필요합니다]에서 [확인] 터치합니다.

1️⃣ ① 다시한번 [제한된 액세스 허용] 창이 나오고,

2️⃣ ② [필요한 권한]창이 나오면 [확인]을 터치합니다.

3️⃣ ③ [애플리케이션 정보] 창에서 [권한]의 [카메라]를 터치합니다.

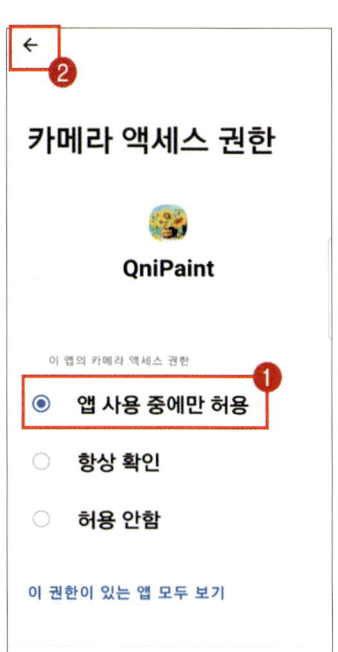 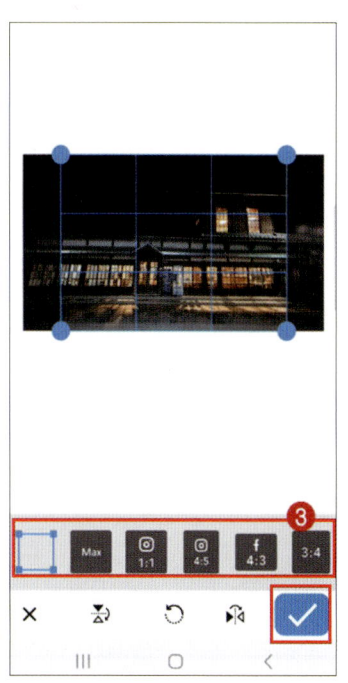 

1 ① [카메라 액세스 권한]에서 [앱 사용 중에만 허용] 터치하고 ② 위의 왼쪽 화살표 터치하면 [편집] 화면으로 선택한 이미지가 보입니다.

2 ③ 다양한 비율을 적용하여 자르고 [체크]를 터치합니다.

3 ④ 사진을 선택하면 나오는 동영상 광고가 끝나기 기다렸다가 [X]를 눌러서 [닫기] 합니다.

1 ① [페인팅 v1]과 [페인팅 v2] 터치하여 people, Flower, Scene를 터치하여 어울리는 효과를 선택합니다. ② **2** [편집]의 Paper, Stetch, ColorFilter, Frame 등 원하는 필터를 선택 후 **3** [적용], 상단 [체크] 후 [완료]합니다.

스마트폰 유용한 앱 활용하기

● Google 계정 2단계 인증

1. 2단계 인증을 사용하면 비밀번호가 도용되는 경우를 대비하여 계정 보안을 강화할 수 있습니다. 설정에서 [Google] 메뉴를 터치합니다. 2. [Google 계정 관리]를 터치합니다.
3. 계정 관리 화면에서 ① [보안] 카테고리를 터치합니다. ② 2단계 인증이 사용 중지되어 있는 것을 확인할 수 있습니다. [2단계 인증]을 터치합니다.

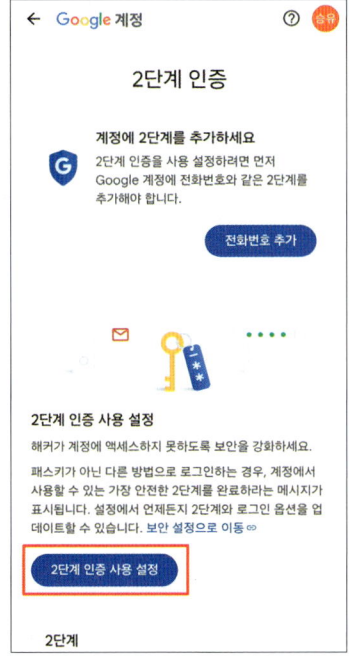

1. [계속]을 터치합니다. 2. 계정에 2단계를 추가하기 위해 [2단계 인증 사용 설정]을 터치합니다.
3. ① 2단계 인증을 위한 전화번호를 입력합니다. ② [다음]을 터치합니다.

1️⃣ ① 메시지로 인증 코드 [6자리 숫자]가 전송됩니다. ② [코드 입력] 란을 터치하여 전송받은 인증 코드 6자리 숫자를 입력합니다.

2️⃣ [인증]을 터치합니다. 3️⃣ [완료]를 터치합니다.

  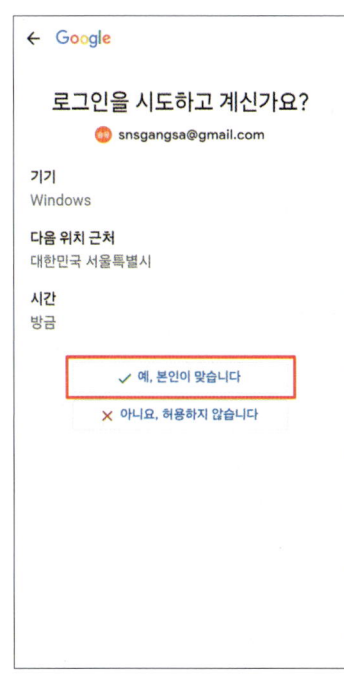

1️⃣ 선택 계정이 [2단계 인증으로 보호] 되고 있음을 안내해 줍니다. 2️⃣ [2단계 인증 사용 설정 날짜]를 알려주고 2단계 인증이 [사용]으로 변경된 것을 확인할 수 있습니다. 3️⃣ 2단계 인증을 받은 Google 계정으로 다른 기기에서 로그인을 시도하면 1단계 비밀번호 입력 후 본인이 맞는지 [2단계 인증 절차]가 진행되는 것을 확인할 수 있습니다.

● 팩트체크

1 [구글 플레이 스토어]를 터치합니다.

2 ① 상단 검색창에 [팩트체크]를 검색합니다. ② 검색된 앱을 설치한 후 [열기]를 터치합니다.

3 ① [언론사]를 선택해서 뉴스 정보에 대한 팩트체크를 할 수 있습니다. ② [팩트체크] 된 뉴스를 확인해서 볼 수 있습니다.

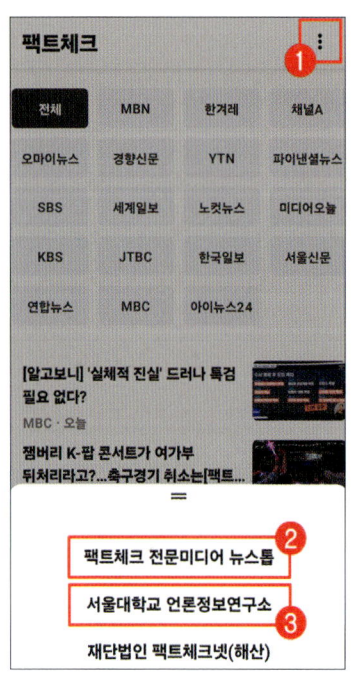  

1 ① 우측 상단 [더보기]를 터치한다. ② [팩트체크 전문미디어 뉴스톱]에서 팩트체크된 뉴스를 확인할 수 있습니다. ③ [서울대학교 언론정보연구소]의 팩트체크된 정보를 확인할 수 있습니다.

2 [뉴스톱] 화면에서 ① 카테고리 분류로 뉴스를 확인할 수 있습니다. ② 뉴스 보기 방식을 변경할 수 있습니다.

3 [서울대학교 언론정보연구소] 화면에서 뉴스의 진위 여부를 확인할 수 있습니다.

● 시티즌 코난

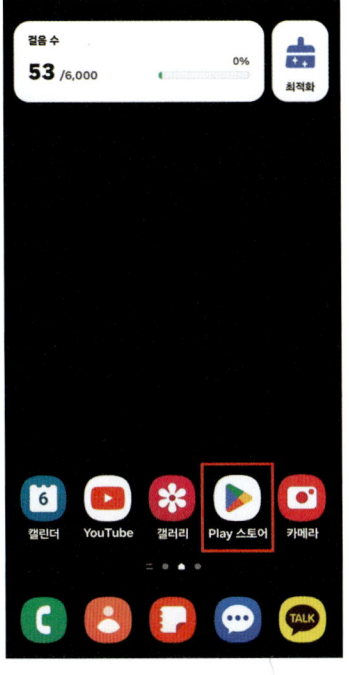  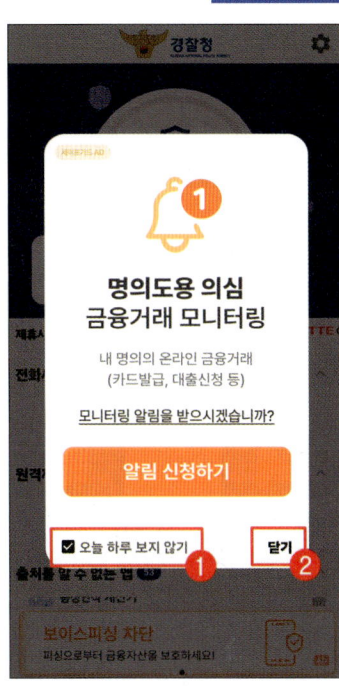

1 [구글 플레이 스토어]를 터치합니다.

2 ① 상단 검색창에 [시티즌코난]을 검색합니다. ② 검색된 앱을 설치하고 [열기]를 터치합니다.

3 ① [오늘 하루 보지 않기]에 체크 표시하고 ② [닫기]를 터치합니다.

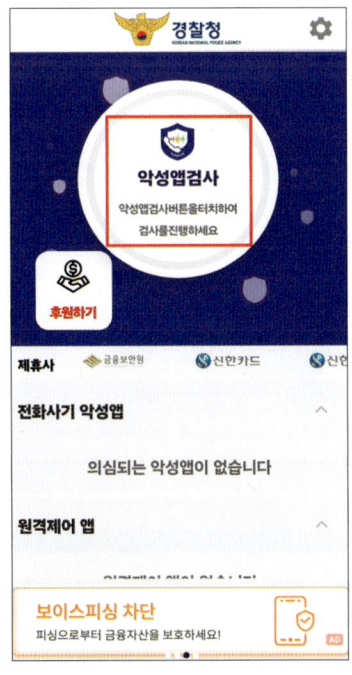 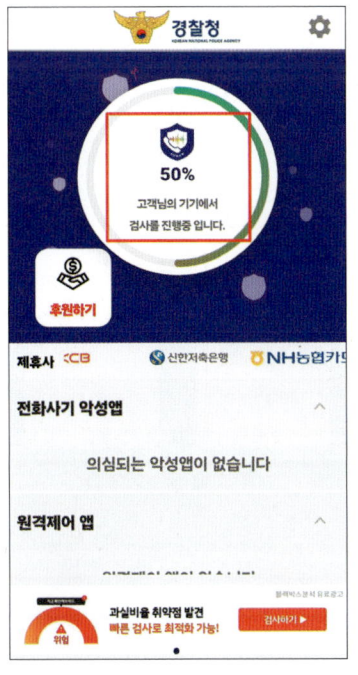 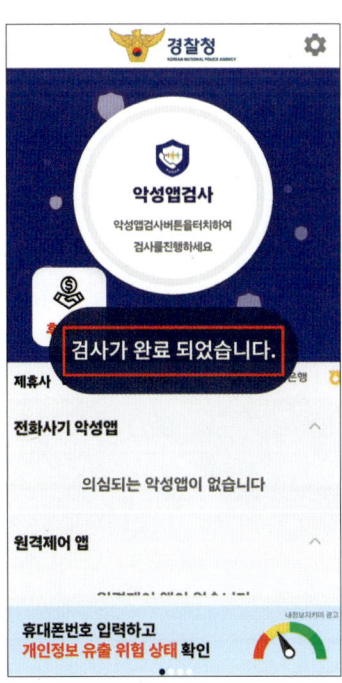

1 악성 앱 검사를 위해 [악성앱검사]를 터치합니다.

2 악성 앱이 설치되어 있지 않은지 검사 진행률을 확인할 수 있습니다.

3 악성 앱 검사가 완료되고 [검사가 완료 되었습니다.] 라는 알림을 확인할 수 있습니다.

키오스크 앱 활용하기 (에프엔제이 키오스크)

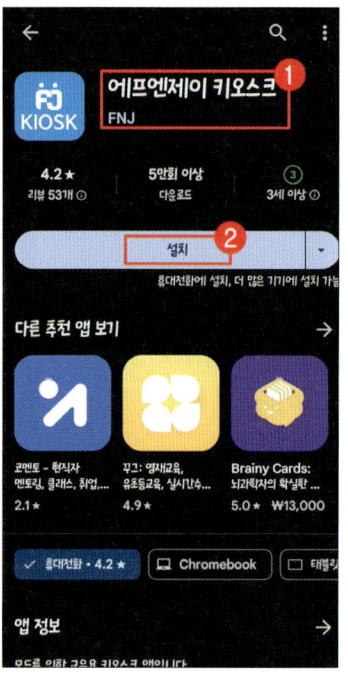

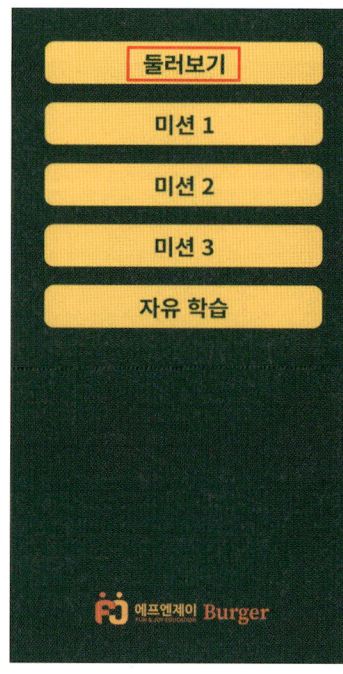

1️⃣ [구글 Play스토어]에서 ① [에프엔제이 키오스크]를 ② [설치]하고 [열기]를 합니다.

2️⃣ 햄버거를 주문하기 위해 [패스트푸드]를 터치합니다. 3️⃣ 주문하기 위해 [둘러보기]를 터치합니다.

1️⃣ [주문하시려면 터치하세요.]를 터치합니다.

2️⃣ 식사하실 장소를 선택하기 위해 [매장에서 식사]를 터치합니다.

3️⃣ ① [버거&세트]를 터치하고 ② 세트 메뉴 중에 [치킨버거 세트]를 선택하고 ③ [다음]을 터치합니다.

  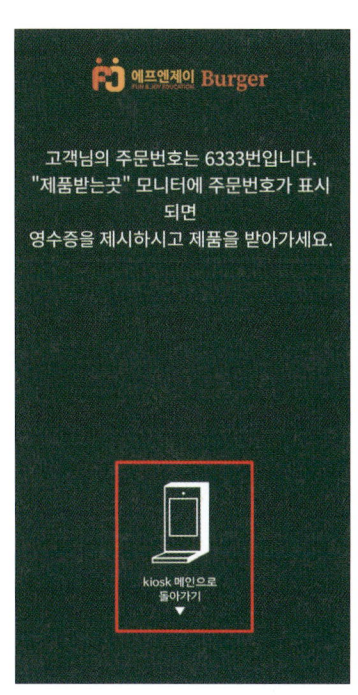

1 사이드 메뉴의 ① [후렌치 후라이]와 음료의 ② [콜라]를 터치하고 ③ [다음]을 터치합니다. **2** 주문 내역을 확인하고 [다음]을 터치합니다. [함께 즐기면 더욱 좋습니다!]는 [선택 안함]을 터치하고 [다음]을 터치합니다. 다시 주문을 확인하고 [결제하기]를 터치합니다. **3** 카드를 밀어 넣어 결제하고 주문번호를 확인해 주세요.

1 이번에는 아메리카노를 주문하기 위해 [카페]를 터치하고 [둘러보기]를 터치합니다.

2 [주문하시려면 터치하세요]를 터치합니다.

3 매장에서 마시기 위해 [매장이용]을 터치합니다.

1 에스프레소 메뉴의 [아이스 카페라떼]를 선택하고 [컵선택]은 매장컵 [사이즈]는 [Medium]을 선택하고 [확인]을 터치합니다.
2 아래 [ORDER] 주문을 확인하고 [주문하기]를 터치합니다.
3 주문을 확인하고 [결제하기]를 터치합니다.

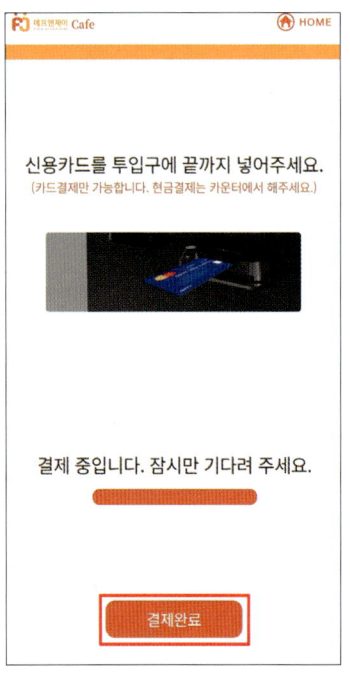  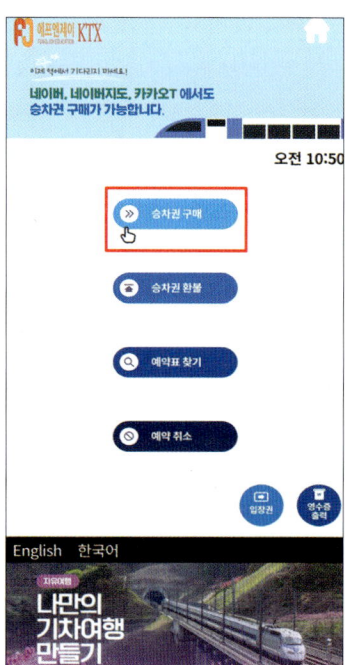

1 신용카드를 끝까지 밀어 넣으면 결제가 완료됩니다. [결제완료]를 터치하고 주문번호를 확인합니다.
2 이번에는 코레일톡 KTX 기차를 예매하기 위해 [KTX]를 터치합니다.
3 승차권 구매를 위해 [승차권 구매] 를 터치합니다.

 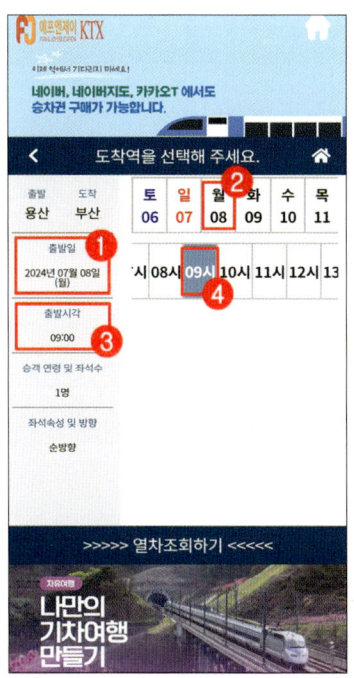 

1️⃣ ① [출발]을 터치하고 ② 예시로 [용산]을 선택합니다. ③ [도착]을 선택하고 ④ [V] 표시를 터치한 후 예시로 [부산]을 선택합니다. 2️⃣ ① [출발일]을 선택하여 ② [월 08] 일을 선택하고 ③ [출발시각]을 선택하여 ④ 시간을 좌우로 밀어 [09시]를 선택합니다. 3️⃣ ① [승객 연령 및 좌석수]를 터치하고 [어른] 1명과 [경로(만 65세 이상)]의 [+]를 선택하여 인원을 선택한 후 [열차조회하기]를 터치합니다.

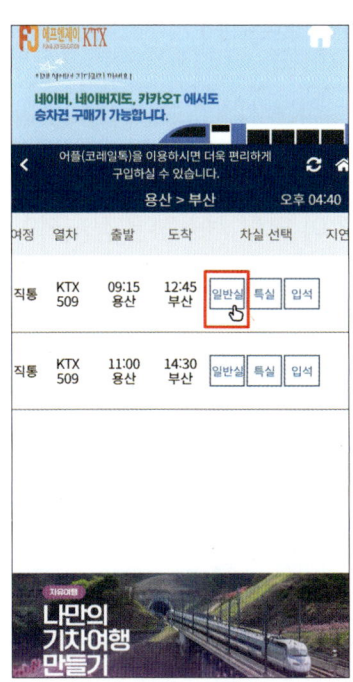 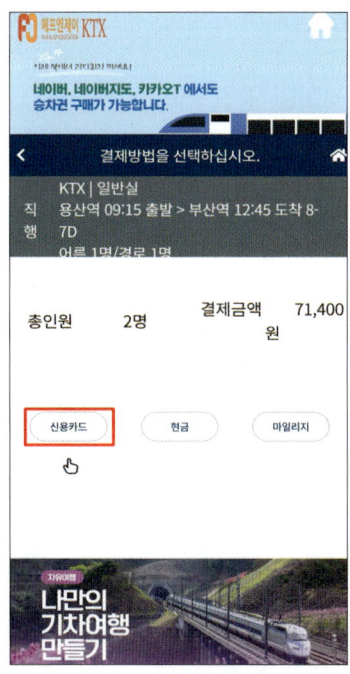 

1️⃣ 원하는 열차 시간을 선택하여 [차실 선택]의 [일반실]을 선택합니다
2️⃣ 결제를 위해 [신용카드]를 선택합니다.
3️⃣ [확인]을 터치합니다.

> 디지털 범죄예방 Tip

이것만은 꼭 알고 계시면 디지털 범죄 예방하실 수 있습니다!

- ☑ 정부기관이나 금융기관은 어떠한 경우에도 전화나 문자로 금전 및 개인정보를 요구 하지 않습니다.

- ☑ **의심전화 표시 앱 적극 활용하기** : T전화, 후후(WhoWho), 후스콜

- ☑ **통장 양도 및 매매 금지**

- ☑ **ATM 지연인출제도** : 100만원 입금시 이체 및 인출 30분 지연시킬 수 있으며 사기범의 현금인출 시간을 지연시키는게 목적입니다. 이 서비스를 이용하시려면 거래 은행을 통해 ATM 지연 인출 시스템을 미리 신청하시기 바랍니다.

- ☑ **지연이체 서비스** : 자금 이체시 일정시간 송금시간을 지연시키는 서비스로 피해구제를 위한 시간을 확보하실 수 있습니다. 직접 본인이 신청하셔야 합니다.

- ☑ **입금계좌 지정 서비스** : 내가 지정한 계좌 외에는 1일 100만원 이내 소액 송금만 가능하며 보이스피싱 사고를 사전에 방지하는 것이 목적입니다.

- ☑ **해외 IP차단 서비스** : 해외접속 IP를 통해서 이용되는 이체거래를 차단하는 서비스이며 해외에서 보이스 피싱을 시도하는 경우 원천적으로 차단하는 것이 목적입니다. 스마트폰이든 PC든 상관없이 거래할 수 있는 단말기를 미리 지정하여 승인할 수 있습니다. 승인되지 않은 기기에서 거래 요청이 들어올 경우 추가 인증이 필요하므로 무단 액세스를 효과적으로 방지하고 개인 정보 도난 위험을 줄일 수 있습니다.

- ☑ **고령자 지정인 알림 서비스** : 고령자 지정인 알림 서비스는 고령자를 대상으로 하는 서비스로 사기 대출을 예방하는 데 도움이 됩니다. 이 서비스는 만 65세 이상 고객이 카드론을 이용할 때마다 지정한 사람에게 문자 메시지를 발송합니다. 고령자는 건망증과 조작에 취약하기 때문에 이 알림 시스템은 잠재적인 대출 사기를 방지하는 안전장치 역할을 합니다. 가족 등 신뢰할 수 있는 사람이 알림을 받도록 사전 승인하면 노인은 사기 대출 거래를 예방할 수 있습니다.

- ☑ 112(경찰청) 또는 1332(금융감독원)에 전화해서 지급 정지 요청을 하실 수 있습니다.

- ☑ 개인정보노출자 사고 예방시스템(pd.fss.or.kr)에서 신규 계좌 개설 제한을 하실 수 있습니다.

- ☑ 계좌정보통합관리서비스(www.payinfo.or.kr)에서 모든 계좌 일괄지급정지 신청을 하실 수 있습니다.

- ☑ 명의도용방지서비스(www.msafer.or.kr)에서 휴대전화 신규 개설 방지 신청을 하실 수 있습니다.